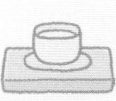

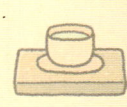
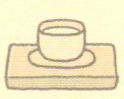
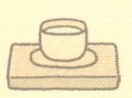
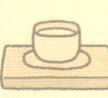
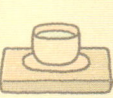
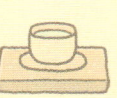
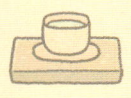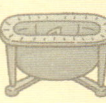
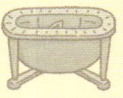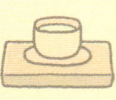

    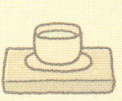

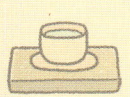    

    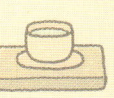

  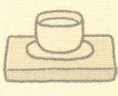 

    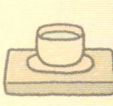
 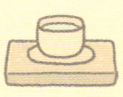  
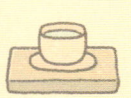    
  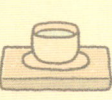 

 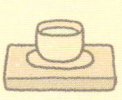  

  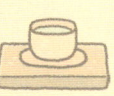 

한국사에서 찾은 다문화 이야기

생각하는 어린이 사회편 ⑬
한국사에서 찾은 다문화 이야기

초판 인쇄	2024년 04월 20일
초판 발행	2024년 04월 25일
글쓴이	강미숙
그린이	김석
펴낸이	이재현
펴낸곳	리틀씨앤톡
출판등록	제 2022-000106호(2022년 9월 23일)
주소	경기도 파주시 문발로 405 제2출판단지 활자마을
전화	02-338-0092
팩스	02-338-0097
홈페이지	www.seentalk.co.kr
E-mail	seentalk@naver.com
ISBN	978-89-6098-754-8 74800
	978-89-6098-827-9 (세트)

ⓒ 2024, 강미숙

- 저작권법에 의하여 한국 내에서 보호를 받는 저작물이므로 무단전재 및 복제를 금합니다.
- KC마크는 이 제품이 공통안전기준에 적합하였음을 의미합니다.

KC	모델명	한국사에서 찾은 다문화 이야기	제조년월	2024. 04. 25.	제조자명	리틀씨앤톡	제조국명	대한민국
	주소	경기도 파주시 문발로 405 제2출판단지 활자마을	전화번호	02-338-0092	사용연령	7세 이상		

은 씨앤톡의 어린이 브랜드입니다.

작가의 말

우리 사회는 언제부터 '다문화 사회'였을까요?

오늘날 우리 사회를 일컬어 다문화 사회라 불러요. 다문화 사회란 한 나라에 다른 인종과 다양한 문화가 함께 어우러져 있는 사회예요. 우리나라는 최근에 빠르게 다문화 사회로 진입하고 있어요. 우리나라에 머무르는 외국인의 수가 계속 증가하고, 전체 인구에서 외국인이 차지하는 비중도 점점 늘고 있기 때문이죠.

다문화 사회를 말할 때 종종 등장하는 용어 중 하나는 '다문화 수용성 지수'예요. 이것은 사회 구성원이 다문화 사회에 대해 얼마나 긍정적으로 생각하는지를 점수로 나타낸 거예요. 우리나라의 다문화 수용성 지수는 다른 선진국에 비해 훨씬 낮아요. 예를 들자면 '외국인 노동자와 이민자를 이웃으로 삼고 싶지 않습니까?'란 질문을 했을 때 스웨덴 사람들 백 명 중에서는 세 명만이 '그렇다.'라고 대답했어요. 하지만 우리나라는 백 명 중 서른한 명이 '외국인과 이웃이 되는 게 싫다.'라고 대답했

지요. 스웨덴의 열 배가 넘는 수치예요. 이처럼 우리나라는 아직 다문화 사회를 제대로 이해하고 받아들이지 못한다는 걸 알 수 있어요.

우리 사회가 다문화 사회로 나아가는 것을 막는 걸림돌은 무엇일까요? 몇몇은 단군왕검이 고조선을 세울 때부터 우리나라가 단일 민족으로 이루어진 나라여서 그렇다고 말하기도 해요. 과연 정말 그럴까요?

이 책은 그런 궁금증에서부터 출발했어요. 우리 역사를 공부하며 궁금증을 해결하는 과정에서 흥미로운 사실을 많이 알게 되었어요. 우리나라의 다문화 역사를 함께 살펴보고 여러분 마음 가운데 다문화 사회에 대한 편견과 차별, 혐오란 단어가 말끔히 지워지길 바라요. 그리고 우리 사회는 다양한 문화와 장점을 가진 여러 사람이 어울려 살 때 더욱 발전할 수 있다는 것도 깨달았으면 좋겠어요.

지구촌이라는 커다란 세계의 다문화 이웃
강미숙

# 차례

작가의 말 4

제1장 아유타에서 온 허 황후 9
인도에서 온 우리 엄마를 소개합니다! 10
이주 여성이 왜? 21
이주 여성이 겪는 문제를 찾았다! 26
그래서 지금은? 29

제2장 다문화 가정에서 태어난 장영실 33
달라서 특별한 우리 아빠를 소개합니다! 34
다문화 가정이 왜? 44
다문화 가정이 겪는 문제를 찾았다! 49
그래서 지금은? 53

제3장 신라를 지키려 했던 외국인, 처용 57
나를 구해 준 슈퍼맨, 무함마드 아저씨 58
외국인 노동자가 왜? 69
외국인 노동자가 겪는 문제를 찾았다! 74
그래서 지금은? 78

제4장 안남국에서 온 난민, 이용상 83
  난민이 아니라 우리 반 친구예요! 84
  난민이 왜? 95
  난민이 겪는 문제를 찾았다! 100
  그래서 지금은? 103

제5장 조선을 사랑한 일본의 장수, 김충선 107
  나도 한국을 사랑하는 한국인이야! 108
  이민자가 왜? 119
  이민자가 겪는 문제를 찾았다! 124
  그래서 지금은? 127

제6장 한국 문화를 세상에 전한 유학생 133
  한국 땅, 독도를 알리는 페르난다 누나 134
  유학생이 왜? 145
  유학생이 겪는 문제를 찾았다! 150
  그래서 지금은? 153

제 1 장

아유타에서 온 허 황후

인도에서 온 우리 엄마를 소개합니다!

가까워지기 어려운 새엄마 파티마

"오늘은 밥맛이 없어요. 아침 안 먹고 그냥 갈래요."

예지는 식탁에 놓인 누런 카레를 보자마자 입맛이 싹 달아났어요. 예지는 그릇에 담긴 게 김치찌개였다면 얼마나 좋았을까 하고 생각했어요. 그랬다면 분명 두 그릇은 뚝딱했을 거예요. 하지만 며칠씩 카레를 먹다 보니 이제 카레 냄새도 맡기가 싫어졌어요.

예지의 말을 듣고, 식사를 준비하던 파티마는 깜짝 놀라 물었어요.

"밥이 맛없으면, 난은 어때요? 난을 카레에 찍어 먹어 봐요."

"내 말은 그게 아닌데……. 이러다 학교에 늦겠어요. 다녀오겠습니다."

예지는 당황해하는 파티마를 뒤로하고 후다닥 집을 나왔어요.

예지가 아주 어릴 적에 엄마가 돌아가신 후 아빠 혼자 예지를 키우셨어요. 3년 전 아빠는 인도에서 우리나라로 역사를 공부하러 온 파티마를 만나 결혼을 했어요. 파티마와 함께 산 지 3년째지만, 예지는 파티마와 친해지는 게 어려웠어요.

파티마는 한국말이 서툴고, 예지는 인도말을 몰랐어요. 그래서 대화를 나누어도 오해가 쌓이곤 했어요. 오늘 아침처럼요. 그래서 집에서 아예 말을 하지 않을 때도 있었어요. '엄마'라고 부르는 것도 어색해서 '파티마'란 이름으로 불렀어요.

가장 곤욕스러운 것은 외출할 때였어요. 자신과 피부색도 다르고 생김새도 전혀 다른 파티마와 함께 외출하면 사람들은 늘 이상한 눈으로 쳐다보곤 했거든요.

옷을 사러 갔을 땐 이런 일도 있었어요. 짧은 바지를 고른 예지에게 파티마는 자꾸만 긴 바지를 권하면서 "프리티, 프리티."라고 말했어요. 옆에 있던 고등학생 언니들은 쿡쿡 웃으면서 파티마가 어느 나라 사람인지 추측하는 게 아니겠어요? 한 언니가 "피부색을 보면 네팔이나 파키스탄 쪽 같아."라고 말하자, 맞은편에 있던 언니가 "아, 그 가난한 나라?"라고 맞장구를 쳤어요. 창피한 예지의 얼굴이 새빨개졌어요.

무슨 상황인지 알 리 없는 파티마가 예지의 표정만 보고 계속 미안하다며 사과했어요. 그 모습을 본 언니들은 대놓고 웃기 시작했어요. 그날 이후 예지는 온갖 핑계를 대며 파티마와의 외출을 피했어요.

그날을 떠올리자 예지 얼굴에서 점점 열이 오르기 시작했어요.

우리 반에 '다문화 가정'은 없잖아!

"예지야! 김예지! 같이 가자니까."

안 좋은 기억을 떠올리고 있는데 수진이가 예지를 불렀어요. 수진이는 예지가 전학 와서 처음 사귄 친구예요.

"예지야, 오늘 공개 수업에는 누가 오셔? 우리 엄마는 어제부터 무슨 옷 입고 가냐며 난리지 뭐야."

"아빠가 오시기로 했는데……."

예지는 수진이의 말에 오늘이 공개 수업 날이란 게 떠올랐어요. 예지는 교실에 들어가기 전 아빠에게 문자를 보냈어요.

띠링, 아빠의 메시지가 도착했어요. 예지는 반가운 마음에 스마트폰을 확인했어요.

> 아빠, 오늘 공개 수업 날이에요. 잊으신 건 아니죠? 10시까지 5학년 2반이에요!

슈퍼맨 아빠

> 예지야, 미안하다. 급한 일이 생겨서 엄마가 대신 가기로 했어.

아빠의 답 문자에 예지는 곧 눈앞이 캄캄해졌어요. 예지는 바쁘면 아무도 오지 않아도 된다고 메시지를 보내려고 했지만, 수업이 시작되는 바람에 스마트폰을 가방에 넣어야 했어요.

'파티마가 온다고? 우리 반 애들은 새엄마가 인도 사람인 걸 모르는데……. 차라리 파티마가 학교를 못 찾았으면 좋겠다.'

예지는 수업에 집중할 수 없었어요. 이런저런 생각들로 머릿속이 터질 것 같았거든요.

1교시가 끝나자 부모님들이 하나둘씩 교실로 들어왔어요. 옆자리에 앉은 수진이는 엄마를 알아보고는 반갑게 손을 흔들었어요.

그때였어요. 파티마가 교실에 들어왔어요. 그것도 샛노란 '사리'를 입고서요. 모든 시선이 파티마에게 쏠렸어요. 예상치 못한 상황에 너무 놀

란 예지는 입이 딱 벌어졌어요. 파티마는 중요한 일이 있을 때 인도의 전통의상인 사리를 꼭 챙겨 입었어요. 하지만 학교에까지 입고 올 줄은 꿈에도 몰랐어요.

예지를 발견한 파티마가 슬그머니 손을 들었어요. 놀란 예지는 고개를 홱 돌렸어요.

"와, 외국 사람이다!"

"어머, 누구지?"

"글쎄, 우리 반에 다문화 가정은 없는데 잘못 찾아온 거 아닐까?"

파티마의 등장에 친구들은 수군거리기 시작했어요. 수진이도 궁금하다는 듯 예지를 향해 물었어요.

"저 옷은 뭐야? 너무 화려한 거 아니야?"

예지는 답을 못 한 채 고개만 숙였어요. 어른들도 파티마를 힐끗힐끗 쳐다봤어요.

아유타에서 온 허황옥 왕비와 인도에서 온 새엄마

"안녕하세요! 5학년 2반 공개 수업에 찾아와 주신 부모님들을 모두 환영합니다. 자자, 얘들아, 이제 수업을 시작해 볼까?"

선생님의 말에 아이들은 교과서를 펼쳤어요. 예지는 새빨개진 얼굴을 감추려고 교과서만 뚫어져라 쳐다봤어요.

"우리 지난 시간에 각 모둠에서 우리나라 발전에 도움을 준 역사 속 인물에 대해 조사했었죠? 이번 시간에는 조사한 내용을 모둠별로 발표해 보기로 해요."

첫 번째 모둠부터 발표를 시작했어요. 고조선을 세운 단군왕검에서부터, 임진왜란에서 왜적을 물리친 이순신 장군, 한글을 발명한 세종대왕까지 누구나 들어 본 적 있는 위인들의 이름이 나왔어요. 예지네 모둠에서는 목화씨를 들여와 따뜻한 솜옷을 만들 수 있게 해 준 문익점에 대해 발표했어요.

"여러분들의 발표를 들으면서 선생님 머릿속에도 어떤 인물이 떠올랐어요. 누구일지 한번 맞혀 보세요. 뒤에 계신 학부모님도 함께 맞혀 보세요."

선생님은 숨을 고르며 이야기를 계속했어요.

"이 사람은 가야의 시조 김수로왕과 결혼해 왕비가 된 사람이에요. 또 가야의 철기 문화를 발전시키는 데 도움을 주었다고 알려진 인물이기도 해요. 혹시 아는 사람 있나요? 힌트는 김해 허 씨의 시조가 된 사람이에요. 그래, 수진이도 허 씨인데 혹시 알려나?"

수진이는 머리를 긁적이면서 고개를 저었어요. 교실에 있는 모든 사람은 알쏭달쏭한 표정만 지었어요. 선생님이 이번엔 역사를 좋아하는 예지에게 다시 물었어요. 골똘히 생각하던 예지의 머릿속에 퍼뜩 떠오른 이름이 있었어요.

"아, 허? 허황옥 왕비? 맞아요?"

"맞아, 예지가 잘 알고 있네. 그런데 허황옥 왕비는 허 황후라고도 불렀는데, '아유타'라는 나라에서 온 공주라고 『삼국유사』에 기록되어 있어요. 아유타는 인도 중부 지역에 있던 나라예요. 지금으로 따지면 수로왕과 허 황후는 국제결혼을 한 셈이죠. 마침 이 자리에 인도 의상인 사리를 입고 계신 분이 있는데 잠깐만 나와 주시겠어요?"

선생님은 파티마에게 인도는 어떤 나라인지, 지금 입고 있는 옷은 무엇인지 소개해 달라고 했어요. 파티마는 서툰 한국어로 이야기를 시작했어요.

예지는 친구들이 웃음을 터트리지나 않을까 가슴이 콩닥거렸어요. 하지만 아이들은 파티마의 말에 가만히 귀 기울이는 게 아니겠어요? 뜻밖에도 파티마의 역사 이야기는 무척 흥미로웠거든요.

파티마는 가야 시대부터 인도와 한국이 교류했다는 증거로, 허 황후가 가져온 파사 석탑 이야기도 들려주었어요. 예지는 처음 보는 파티마의 모습에 깜짝 놀랐어요. 그제야 파티마가 인도와 우리나라 대학에서 역사를 공부했다는 사실이 떠올랐어요.

"와, 재밌어요. 그런데 누구세요?"

누군가 궁금증을 참지 못하고 물었어요. 파티마는 예지를 바라보며 머뭇머뭇했어요. 그때 예지가 손을 슬그머니 들어 올렸어요. 그러고는 떨리는 목소리로 말했어요.

"우, 우리 엄마야. 허 황후처럼 우리 아빠와 국제결혼하셨어. 엄마는 유명한 대학에서 역사를 공부하셨어."

예지 입에서 너무나 자연스럽게 '엄마'라는 말이 흘러나왔어요. 파티마 입가에 살포시 미소가 번졌어요.

"허황옥 왕비나 예지 엄마처럼 국제결혼으로 우리나라에 온 여성을 이주 여성이라고 해요. 허황옥 왕비가 가야 발전에 기여한 것처럼, 지금의 이주 여성도 각자 가진 재능으로 사회에 많은 도움을 주고 있답니다. 예를 들어 학교에서 외국어나 그 나라의 문화를 가르쳐 주기도 하죠. 그런 의미에서 다음 특강에 예지 엄마를 초대하면 어떨까요?"

"네, 좋아요!"

선생님의 제안에 반 친구들은 교실이 떠나갈 듯 큰 소리로 대답했어요. 예지와 새엄마는 서로 마주 보며 활짝 웃었어요.

국제결혼과 이주 여성

> 우리나라의 첫 국제결혼 부부, 김수로왕과 허황옥 왕비

허황옥에 대한 기록은 『삼국유사』에 나와 있어. 허황옥의 원래 이름은 슈리라트나로, 아유타 왕국의 공주였어. 아유타는 뱃길로 2만 5000리(약 1만 km)나 떨어진 인도의 작은 나라야.

어느 날 아유타의 국왕은 꿈을 꾸었어. 꿈에서 옥황상제가 나타나 가락국(1세기쯤 낙동강 유역에 있었던 고대 국가로 '가야'라고도 불림)의 김수로왕이 아직 배필을 정하지 못했는데, 공주를 김수로왕과 결혼시키라고 말했던 거야. 이 말을 들은 공주는 자신의 오빠를 비롯한 시종을 이끌고 가락국으로 향했어.

그런데 공주가 탄 배는 얼마 가지 못해서 돌아올 수밖에 없었어. 국왕은 파도의 신이 노여워한다는 것을 알고 파사 석탑을 배에 실어 주었지.

당시 인도에는 안전한 항해를 기원하며 배에 돌탑을 싣고 다니는 풍습이 있었거든. 그 뒤 공주는 무사히 가야가 있는 망산도 앞바다에 도착했어. 그때 공주의 나이는 열여섯 살이었어.

한편 가야에서는 혼기가 꽉 찬 수로왕이 어쩐 일인지 결혼을 하지 않고 있었어. 아홉 부족의 수장들은 왕비에 적합하다고 생각하는 여성을 여러 명 이야기해 보았지만, 수로왕은 '하늘이 정해준 신부를 기다린다.'라며 거절했지.

수로왕은 가야에 도착한 슈리라트나 공주를 반갑게 맞이하고, 왕비로 삼았어. 결혼식은 3일 동안이나 성대하게 치렀어. 우리나라의 첫 국제결혼이 이때 이뤄진 거야.

수로왕은 결혼한 후에 공주에게 '허황옥'이란 이름을 내려 주었고, 사람들은 허 왕후 혹은 허 황후로 불렀어. 가야는 수로왕과 허 황후의 혼인 이후 비로소 안정적으로 나라의 기틀을 잡아갈 수 있었지. 허 황후는 열 명의 왕자와 한 명의 공주를 낳았는데, 허 황후가 간절히 부탁해 두 아들이 황후의 성씨를 이어받도록 했지. 그렇게 허 황후는 '김해 허 씨'의 시조가 되었어. 우리나라에는 아빠의 성을 이어받도록 하는 호주제도가 있는데, 허 황후는 엄마의 성을 자식에게 이어 준 첫 사례이기도 해.

➕ 지식플러스

허 황후가 인도에서 왔다는 증거, 파사 석탑

허황옥 왕비는 가야에 시집올 때 비단옷과 금은보석, 그리고 인도에서 유명한 차 씨앗을 담아 왔어요. 그리고 또 하나 파사 석탑을 가져왔어요. 파사 석탑은 지금도 김해 구산동에 있는 허황후릉 앞에 있어요. 다 뭉개진 돌덩어리처럼 보이지만 이 돌탑에는 비밀이 숨어 있어요. 우리나라에 없는 '파사석'으로 만든 탑이란 점이에요. 파사석은 인도가 원산지로 알려진 희귀한 돌이에요. 또 다른 비밀은 탑의 양식이 인도의 고대 석탑의 모양과 닮았다는 거예요. 이런 증거들은 허 황후의 고향이 인도라는 것을 말해 주고 있어요.

국제결혼으로 이주 여성이 늘어나요

국제결혼은 국적이 다른 남녀가 결혼하는 것을 말해. 허 황후의 사례처럼 국제결혼은 아주 오래전부터 있었지만, 2000년 이후 급격히 늘어나고 있어. 2000년에 비해 2019년에는 다섯 배나 더 많아졌어. 2021년에는 결혼으로 우리나라에 온 사람 중 80%가 여성이었는데, 그 수가 14만 명이 훨씬 넘어.

우리나라 국제결혼에서 남성보다 여성의 수가 많아진 건 농어촌 지역 결혼 적령기 남성에 비해 여성의 수가 부족해 외국에서 결혼할 여성을 찾는 데서 시작됐어.

각 지방자치단체에서 외국인 여성들과 농촌 미혼 남성의 결혼을 적극적으로 돕기도 했지. 결혼과 동시에 낯선 환경과 문화에 놓인 이주 여성들은 적응하기 어려워 사회적 약자의 위치에 처하게 된 경우가 많아. 한 나라에서 같이 살게 된 이상, 서로 다른 문화를 이해하며 더불어 행복하게 살아갈 방법을 찾아가는 게 우리의 숙제야.

낯선 나라에서 살아야 하는 이주 여성들

> 말이 통하지 않아 외로워요

하루아침에 낯선 나라에 뚝 떨어져 살게 된다면 어떤 기분이 들까? 결혼 이주 여성에게 어려운 점이 무엇인가를 물었을 때 가장 많이 꼽은 건 언어 문제야. 한국어가 서툴기 때문에 친구를 사귀기도 쉽지 않고, 남편과도 소통이 어려울 땐 더더욱 외로움을 느낀다고 해.

원래 살던 나라와 한국의 문화가 다른 것도 문제야. 인사, 식사, 명절, 사회적 분위기 등이 다르다 보니, 가족과의 생활은 물론 사회에 적응하는 데 많은 시간이 필요해. 특히 이주 여성들은 한국에서 겪는 가장 큰 어려움으로 한국의 복잡한 가족 문화와 아이 교육을 꼽았어.

　결혼을 목적으로 이주한 여성 중에는 자기만의 꿈을 찾지 못하는 데서 오는 실망감을 가진 사람도 있어. 대부분의 결혼 이주 여성들은 대학에 진학해 공부하거나 직업을 갖고 싶어도 현실의 장벽에 부딪히는 경우가 많거든.

가정 폭력과 불평등한 사회 제도에 상처받아요

우리나라의 결혼 이주 여성 중 절반에 가까운 사람들이 가정 폭력을 경험했다고 해. 물론 가정 폭력은 한국인 사이의 결혼에서도 일어날 수 있어. 하지만 국제결혼을 한 가정에서 더 빈번하게 발생하고 있어.

그 이유는 결혼 이주 여성에 대한 잘못된 생각에서 찾을 수 있어. 아직도 빈곤한 아시아 출신의 여성들이 돈 때문에 한국에 시집을 왔다고 여기는 사람들이 많기 때문이야. 또 가난한 나라 사람은 함부로 대해도 된다는 그릇된 생각까지 더해져 이주 여성은 무시당하기 일쑤야.

부부 사이의 불평등한 관계나 사회 제도 역시 문제야. 결혼 이주 여성은 한국에 머무는 기간을 연장할 때나 귀화를 할 때에 한국인 배우자의 도움이 반드시 필요해. 한국 체류 자격과 국적 취득의 권리를 배우자에게 종속시켜 놓았기 때문에 이주 여성은 남편이나 가족의 부당한 대우에 제대로 된 대처를 못하게 되는 경우가 많아.

이주 여성과 어울려 사는 방법

> 이주 여성의 문화도 존중하는 사회가 되어야 해요

과거에는 결혼 이주 여성이 한국에서 살려면 한국인처럼 말하고, 생각하고, 생활해야 한다고 강요했어. 하지만 최근에는 사람들의 생각이 많이 바뀌어서 결혼 이주 여성이 자라온 언어적, 문화적 정체성도 존중해 주어야 한다고 말하는 사람들이 늘었어. 결혼 이주 여성 또한 우리 사회를 이루는 한 구성원이자,

우리와 동등한 권리를 지닌 시민이기 때문이야.

문화는 저마다 다른 매력을 지니고 있어. 다른 것이지 틀린 것이 아니야. 서로 다른 문화를 인정하고 어우러질 때 우리 사회가 더욱 다채로운 문화로 가득한 다문화 사회가 될 수 있어. 그리고 무엇보다 결혼 이주 여성에 대한 차별적인 생각을 바꾸어야 해. 섣불리 도움이 필요한 사람이라고 여기는 것 역시 차별이 될 수 있다는 사실도 꼭 기억해.

이주 여성을 돕는 협동조합과 가족 센터

알록달록 협동조합은 경제 활동을 하고 싶어도 기회가 없는 결혼 이주 여성을 돕는 단체야. 재봉틀 수업을 열어 이주 여성에게 재봉틀 사용법과 옷 만드는 법을 알려 줬어. 이후에는 이주 여성들이 일할 수 있는 시간에 나와 친환경 수세미, 장바구니, 옷 등을 만들 수 있는 공방을 열었어.

여기서 판매한 수익금은 조합원인 이주 여성에게 고르게 나누어 주었지. 이주 여성은 알록달록 협동조합을 통해 경제적으로 자립할 수 있는 능력을 키우고 있어.

기초자치단체마다 가족 센터를 통해 일반 가족, 1인 가족, 다문화 가족, 한부모 가족을 돕는 다양한 사업을 하고 있어. 2024년에는 취업과 창업을 희망하는 결혼 이주 여성을 포함한 결혼 이민자의 직업 교육 훈련 과정을 만들었어.

교과서 속 다문화 키워드

국가 간 인구 이동이 활발해지면서 우리나라는 빠르게 **#다문화 사회**로 변화하고 있어요. 다문화 사회란 한 나라 안에 다양한 민족과 인종이 함께 어울려 살면서 여러 문화가 함께 존재하는 사회를 말해요.

우리나라가 다문화 사회가 된 가장 큰 원인은 **#국제결혼** 때문이에요. 1970년대부터 청년층이 도시로 떠나면서 **#농촌 인구가 감소**했어요. 그런데 여성들이 결혼해서 농촌으로 가지 않으려는 현상이 겹치면서 농촌에는 결혼하지 못하는 남성이 늘기 시작했어요. 중국 조선족 여성을 시작으로 필리핀, 베트남, 우즈베키스탄, 러시아 등 다양한 나라의 여성이 우리나라 남성과 결혼해 우리나라에 살면서 자연스럽게 그 나라의 문화가 함께 들어와 다문화 사회가 된 거예요.

다문화 사회에서는 우리 고유의 문화를 잘 보존하면서 동시에 다른 나라 문화를 존중하려는 노력과 자세를 가져야 해요.

제 2 장

다문화 가정에서 태어난 장영실

달라서 특별한 우리 아빠를 소개합니다!

명절에만 만나는 서먹서먹한 가족

민수네 집은 아침부터 분주했어요. 내일이 설날이거든요. 엄마는 민수에게 할머니를 도와 방앗간에 다녀오라고 부탁했어요. 민수도 바쁜 엄마와 할머니를 돕고 싶었어요. 식사를 마치고 밖으로 나오니 쌀이 가득한 대야를 든 할머니가 벌써 대문을 나서고 있었어요.

"할머니! 무거워요. 도와드릴게요."

민수는 운동화를 꾸겨 신고는 얼른 달려갔어요.

"벌써 밥 먹고 할머니랑 방앗간 가려고 나왔어? 우리 강아지 착하기도 하지."

할머니의 주름진 얼굴에 환한 미소가 번졌어요.

삼거리 방앗간은 벌써 사람들로 만원이었어요. 민수는 대야를 얼른 줄에 맞춰 내려놓고 이곳저곳을 구경했어요. 곱게 빻아져 나오는 쌀가루는 흰 눈처럼 고왔어요. 기계에서는 연기가 모락모락 나는 가래떡이

끊기지도 않고 계속 나오고 있었어요.

"따르릉 전화 왔어요. 따르릉 전화 왔어요."

그때 할머니의 전화벨이 요란스럽게 울렸어요. 수화기 너머에서는 익숙한 목소리가 들렸어요.

"우리 진호 벌써 왔누? 서둘지 말고 조심히 오라니께."

'진호'란 이름을 들리자 민수 표정이 어두워졌어요. 진호는 민수의 이종사촌이에요. 민수에게는 이모인 진호의 엄마는 민수 엄마의 여동생이었어요.

민수와 진호는 동갑내기지만 사는 곳이 달라 자주 만나지 못했어요. 설날 같은 명절에나 만나서 잠깐 보는 게 전부였지요. 그래서 만날 때마다 서먹서먹했어요.

"할머니는 진호가 오니깐 그렇게 좋아요?"

"우리 진호 일 년에 몇 번 못 보는 귀한 손주인데 암 좋고 말고."

민수는 할머니의 말에 살짝 서운했어요. 할머니와 함께 사는 것은 민수인데 진호를 더 좋아하는 것 같았거든요.

할머니에게 말은 안 했지만, 민수는 진호가 탐탁하지 않았어요. 왜냐하면 진호가 몽골 사람인 민수 아빠를 어쩐지 멀리하는 것 같았거든요. 이모부라고 부르는 것도 손에 꼽을 정도였어요. 민수 아빠는 별 내색을 하지 않았지만, 민수는 진호가 그럴 때마다 속상했어요.

민수의 아빠는 몽골 사람이에요. 10년 전 한국에 왔고, 엄마를 만나서 결혼한 뒤에는 외가가 있는 마을에서 터를 잡고 살고 있지요.

그 말 당장 취소해!

할머니와 서둘러서 집에 돌아온 민수는 마당에서 기다리던 진호와 이모를 만났어요. 한바탕 반갑게 인사를 나눈 뒤 민수는 이모와 할머니를 따라 집 안으로 들어갔어요. 하지만 진호는 강아지와 놀고 싶다며 마당에 그대로 남았어요.

"벌써 30분이나 지났네. 날도 추운데 진호 감기 걸리겠다. 민수야, 가서 진호 좀 데리고 오려무나."

할머니 말에 민수가 마당으로 나갔어요. 강아지와 놀고 있겠다던 진호는 창고 쪽에서 무언가를 만지고 있었어요. 민수가 진호를 불렀지만, 진호는 대답이 없었어요. 어쩔 수 없이 민수는 진호 곁으로 가까이 갔어요.

"할머니가 그만 들어오래."

"앗, 깜짝이야!"

진호는 민수의 말에 화들짝 놀라서 손에 들고 있던 것을 떨어트리고 말았어요. 그 바람에 큰 소리가 났어요.

"아, 일부러 그런 건 아닌데……. 타 볼까 해서 한번 만졌는데 저절로 떨어지잖아."

진호는 우물쭈물하면서 말했어요. 민수는 그 물건이 아빠가 민수를 위해서 자전거에 달아 준 보조등이란 걸 단숨에 알아차렸어요. 민수가 떨어진 보조등을 살펴보니 연결선이 모두 끊어져 있었어요.

"이건 우리 아빠가 특별히 만들어 주신 거란 말이야."

"정말? 직접 만들었다고? 어쩐지 전문가가 만든 게 아니라 허접했구나."

허접이란 말에 민수는 화가 머리끝까지 났어요. 민수는 떨어진 보조등을 진호의 코끝에 들이밀면서 꽥 소리를 질렀어요.

"야! 당장 사과해! 이거 부순 것도, 그리고 우리 아빠가 만든 물건을 허접하다고 말한 것도 다 사과하란 말이야!"

그때였어요. 민수 뒤에서 불쑥 손이 튀어나왔어요. 그 손은 민수가 들고 있던 자전거 보조등을 덥석 잡았어요. 놀란 민수가 뒤를 돌아보니 아빠였어요.

"민수야, 무슨 일이야?"

속상한 민수는 아빠를 보자마자 손가락으로 진호를 가리켰어요. 민수 아빠는 설핏 웃으면서 괜찮다고 고치면 된다고 말했어요. 그러고는 창고에서 공구함을 꺼내와 보조등을 다시 잇기 시작했어요.

"자, 됐다. 이제 고쳤으니깐 다투지 마. 민수, 진호 다 가족이잖아."

5분도 되지 않아서 보조등은 다시 제자리로 돌아갔어요. 그리고 민수 아빠는 새로 만들었다며 민수가 자전거를 탈 때 편히 앉을 수 있도록 등받이를 달아 주셨어요. 민수는 아빠가 만든 등받이가 달린 자전거를 타고 마당을 한 바퀴 휘돌아봤어요.

"아빠, 정말 편해요! 진짜 아빠 솜씨는 알아줘야 해."

아빠 말대로 등을 기대고 자전거를 타니 한결 편했어요.

"미, 미안해. 보조등 망가트린 것도, 함부로 말한 것도 사과할게. 그리고 고쳐 주셔서 감사합니다. 이……, 이모, 부."

쭈뼛거리며 다가온 진호가 우물쭈물 말했어요. 민수 아빠는 괜찮다면서 손사래를 쳤어요. 잔뜩 풀이 죽은 진호를 보니 민수도 너무 화를 냈나 싶어 살짝 미안해졌어요.

'대정리 장영실' 자랑스러운 우리 아빠

"바 서방 왔는가? 방금 아랫집 진주댁 집에 무슨 모터가 고장 났다고 전화가 왔지, 뭔가. 혹시 바 서방이 고쳐줄 수 있냐고 말이야."

"네, 제가 가 봐야죠."

민수 아빠는 필요한 공구를 챙기러 창고 안으로 들어갔어요. 민수는 그런 아빠를 자랑스러운 눈으로 바라봤어요. 민수 아빠의 이름은 바야르샤이한이에요. 하지만 할머니는 늘 '바 서방'이라고 불렀어요.

"할머니, 이모부는 농부 아니에요?"

"우리 진호가 잘 모르는구나. 이모부 손재주가 얼마나 좋은지 말이야. 우리 마을에 없어서는 안 될 보물이지. 이제 시골에는 노인들밖에 없는데 저런 젊은 청년이 와서 농사도 짓고, 또 이집 저집 어르신들 집에 고장 난 기계나 물건을 고쳐 주면서 궂은일도 돌봐 주니 다들 네 이모부를 칭찬한단다."

"맞아. 우리 아빠 별명이 '대정리 장영실'이야. 뚝딱뚝딱 못 고치는 게 없거든."

"와, 내가 가장 존경하는 인물이 장영실인데!"

민수는 진호의 말에 어깨가 잔뜩 부풀어 오른 것만 같았어요.

"그런데 할머니 왜 사람들은 아빠가 몽골 사람이라고 하면 다들 안 좋게 생각할까요? 또 우리 집이 다문화 가정이라고 말하면 다들 놀라서 쳐다보는 것도 너무 속상해요."

"민수와 진호는 알고 있는지 모르겠구나. 장영실의 아버지가 중국 사람이었다는 사실 말이다. 장영실도 민수처럼 다문화 가정에서 자랐단다. '대정리 장영실'이라는 별명도 이 할미가 지었지. 그러니 자부심을

가지렴."

"네?"

처음 듣는 이야기에 민수와 진호는 동시에 소리쳤어요. 할머니는 그런 아이들의 모습이 귀엽다면서 머리를 쓰다듬어 주셨어요.

"장영실은 과학자로 이름이 알려졌지만, 중국어도 잘하고, 아랍말에도 능통했다고 해. 아버지가 원나라 사람이고, 어머니가 한국 사람인 다문화 가정에서 자랐으니 자연스럽게 다른 나라 말을 익힐 수 있었을 테지. 또 두 나라 문화도 접하니 더 넓은 식견으로 창의적인 발상을 해서 과학을 발전시킬 수 있었던 것 아닐까?"

이야기를 듣던 민수는 코끝이 시큰거렸어요. 그동안 민수는 친구들에게 다문화 가정 아이라고 놀림을 받았던 일들이 떠올랐거든요. 한국 사람이 아니라는 둥, 너희 집은 못 사냐는 둥 이상한 말들로 민수를 괴롭혔어요. 툭하면 모둠에도 잘 끼워 주지 않았어요.

때마침 민수 아빠가 창고에서 나왔어요.

"이모부! 저도 따라가도 돼요? 모터 고치는 거 보고 싶어요."

민수 아빠는 당연히 된다면서 고개를 끄덕였어요. 과학에 관심이 많은 진호는 이모부에게 이것저것 물어봤어요. 민수는 가만히 그 뒤를 따랐어요. 민수는 진호가 이모부라고 자연스럽게 부르는 게 너무 듣기 좋았어요. 그리고 다문화 가정이란 게 처음으로 뿌듯하게 느껴졌어요. 앞으로 친구들이 놀리면 당당하게 장영실 이야기를 해 줘야겠다고 생각했어요.

다른 국적과 인종, 문화가 공존하는 다문화 가정

장영실은 다문화 가정에서 태어났어요

어려서부터 손재주가 뛰어난 장영실은 태종에게 발탁되어 궁정 기술자로 일했어. 세종 역시 그의 뛰어남을 알아보고 일찍이 명나라에 유학을 보내 앞선 천문관측 시설과 자료를 보고 공부하게 했지. 그 뒤로 장영실은 우리나라 최초의 자동 물시계인 '자격루'와 해시계 '앙부일구', 천체관측 기구인 '간의' 등을 만들며 조선 최고의 과학자로 불리고 있어.

과학자로서의 장영실의 업적은 많이 알려졌지만, 그의 출생에 대해서 아는 사람은 흔치 않아. 『세종실록』을 보면 세종대왕이 직접 장영실에 대해 말한 기록이 있어.

"장영실은 그 아비가 본래 원나라 소주·항주 사람이고, 어미는 기생이 었는데, 공교한 솜씨가 보통 사람에 뛰어나므로 태종께서 보호하시었고, 나도 역시 이를 아낀다."

기특한 우리 아들♥

　이처럼 장영실은 조선으로 귀화한 원나라 사람인 장성휘와 동래헌 관노였던 한국인 어머니 사이에서 태어났어. 요즘으로 말하자면 다문화 가정의 자녀인 셈이야. 실제로 세종은 조선으로 귀화한 사람이 우리나라 사람과 혼인해 정착할 수 있도록 도왔어. 그만큼 조선 초기는 외국인은 물론 다문화 가정과 어울려 사는 개방된 사회였지.

　장영실이 뛰어난 재능을 가질 수 있었던 데는 다문화 가정이란 배경도 어느 정도 기여했을 거라고 보는 역사학자도 있어. 원나라와 조선 두 나라의 문화가 공존하는 가정에서 자라면서 보다 창의적인 사고를 할 수 있었다고 보는 거야. 몽골이 세운 원나라는 한때 한반도부터 중동에 이르는 거대한 제국을 이루었는데 동서양의 과학과 기술의 가교를 이룬 나라였어.

다문화 가정이 많아진 한국은 이제 다문화 사회

다문화 가정이란 한 가족 안에 국적과 인종, 문화가 다른 사람들이 포함된 가정을 말해. 말 그대로 다양한 문화가 있는 가정인 셈이야. 예전에는 다문화 가정이란 말 대신 '혼혈인 가족', 다문화 가정의 자녀는 '혼혈아'로 부르기도 했어. 2003년에 이르러서야 이런 차별적인 단어를 '다문화 가정'으로 고쳐 부르자고 제안해서 사용하게 된 거야.

우리나라는 점점 다문화 가정이 많아지고 있어. 세계화에 따라 국가 간 인구 이동이 활발해지면서 국적이 다른 나라 사람들과 결혼하는 국제결혼과 우리나라에 일하러 온 외국인 근로자들이 늘어나면서 자연스럽게 생겨난 현상이야.

유엔의 미래보고서에서는 2050년이면 우리나라의 다섯 가정 중 한 가정은 다문화 가정일 정도로 그 비중이 늘어날 것으로 예상했어.

➕ 지식플러스

외국인을 포용한 세종대왕의 귀화 정책

세종대왕이 나라를 다스리기 시작한 지 5년째 되는 해에 중국과 여진, 일본 사람들이 무리를 지어 우리나라에 귀화했어요. 왜 자신이 살던 곳을 버리고 낯선 나라 조선으로 건너왔을까요? 비밀은 귀화한 사람들이 잘 정착하게 배려한 세종대왕의 정책에 있어요. 먼저 세종대왕은 귀화한 사람에게 집은 물론 먹을 것과 옷을 주고 세금까지 면제해 줬지요. 세종대왕은 '오랑캐를 변화시켜 백성으로 만든다'는 생각으로, 귀화인과 우리나라 사람이 결혼해서 가정을 이루도록 했어요. 또 재능이 있으면 벼슬을 내려 능력을 펼칠 기회도 줬어요. 세종은 '귀화한 사람도 우리나라 백성'이라고 부르며, 외국인에 대한 차별도 금지했어요. 연말이나 새해가 되면 귀화인들이 외롭지 않도록 잔치를 베풀었지요. 새해에는 궁궐에서 임금님께 인사를 드리는 자리에 여진인과 일본인, 아랍인 등도 참석하게 했어요. 이런 세종의 포용 정책 때문에 조선은 주변국에 '살고 싶은 나라'라고 소문이 자자했지요.

'다른 것'이지, '틀린 것'은 아니야

단일 민족의 테두리에 마음 아파요

한국 사회는 빠르게 다문화 사회가 되어 가는데, 아직 사람들의 태도와 생각은 그 변화를 따라잡지 못하고 있어. 가장 대표적인 예가 우리 국민이 가지고 있는 뿌리 깊은 '단일 민족 국가'에 대한 생각이야.

우리나라는 옛날부터 하나의 문화를 가진 한민족이란 자부심을 가지고 살아왔어. 이런 단일 민족 국가란 생각은 국민의 마음을 하나로 모아 나라를 성장시키는 데 큰 원동력이 되었지. 하지만 장점만 있는 것은 아니야. 한민족과 그렇지 않은 사람들 사이에 선을 긋고 멀리하는 그릇된 태도와 편견은 반드시 고쳐야 할 문제야. 다문화 가정은 이런 한국인의 편견 때문에 아파하고 있어.

'민족'이란 단어의 의미를 사전을 찾아보면 '일정한 지역에서 오랜 세월 동안 공동생활을 하면서 언어와 문화상의 공통성에 기초해 역사적으로 형성된 사회 집단'이라고 소개되어 있어. 여기서 중요한 것은 인종이나 국민과 반드시 일치하는 것은 아니란 점이야. 다시 말하면 같은 영토에서 지금 우리와 함께 살아가고 있는 다문화 가정 역시 넓은 의미에서 민족인 셈이야. 세종대왕처럼 함께 어울려 살아가려는 열린 자세가 우리에게도 필요한 때야.

문화가 달라 겪는 어려움이 있어요

다문화 가정은 어떤 어려움을 겪을까? 전국에 있는 다문화 가족에게 한국에서 살아갈 때 어떤 점이 힘든지를 물어봤어. 그들이 꼽은 가장 큰 어려움은 문화의 차이에서 겪는 어려움과 편견 그리고 차별이었어.

예를 들어 우리나라에서는 설날에 어른에게 세배하는 풍습이 있어. 하지만 베트남 사람은 이것을 보면 깜짝 놀라. 왜냐하면 그 나라에서는 절은 죽은 사람에게만 하기 때문이야. 이처럼 문화가 다르니 오해가 생기기 쉽고, 오해가 쌓일수록 가족끼리도 갈등이 생기게 되지. 그다음으로는 언어가 통하지 않는 것과 외로움, 자녀 교육 등에서 어려움을 겪어.

　해가 갈수록 다문화 가정의 생활 여건은 나아지고 있지만, 사회의 구성원으로서 한국인과 관계를 맺기 힘든 건 여전해. 도움이 필요할 때 딱히 상의할 사람도, 또 취미 생활을 함께 즐길 사람도 없어 외로움을 느끼고 있어.

다문화 가정 아이들이 겪는 '외모' 차별

　다문화 가정의 아이들이 겪는 차별 1순위는 '외모'야. 세상엔 다양한 인종이 있고, 인종마다 생김새는 조금씩 달라. 다문화 가정의 아이들은 외국인 부모의 유전자를 물려받아 한국인과 다른 외모를 가지고 태어나. 정말 자연스러운 일이야. 하지만 서로 다른 것을 인정하지 않는 사회에서라면 차별의 이유가 되기도 해. 자기와 다르게 생겼다는 것만으로 이상하게 바라보고, 상처받는 말을 하기 때문이야. 어릴 적 외모로 인해 받은 상처가 오래 지속되면, 청소년기에 방황으로까지 이어질 수 있어.

　다문화 가정의 아이들은 학교에서 외모 말고도 발음이 이상하다거나 때로는 아무 이유 없이 따돌림당한 경험이 있다고 해. 이런 차별을 못 견디고 학교를 그만두는 아이도 있어. 서울시교육청은 이런 차별 때문에 학업을 중단하는 다문화 학생의 수가 일반 학생보다 두 배나 많다고 발표했어. 우리 사회는 앞으로 각자 개성을 인정하는 성숙한 사회로 바뀌어야 해.

다문화 가정과
함께 하려는 노력들

> 다문화 가정의 어려움을 돕는 기관이 있어요

한국건강가정진흥원에서는 한국에서 살 때 꼭 알아야 할 정보와 다문화에 관련된 정보를 한데 모아 놓은 온라인 사이트 '다누리(www.liveinkorea.kr)'를 운영하고 있어. 한국에 대한 소개는 물론 문화, 의료, 육아, 취업, 교육 등 생활하는 데 필요한 모든 정보가 담겨 있어. 다문화 가정의 부모들이 어려워하는 입학 절차, 학교 정보에 자료도 풍성해. 모든 내용은 영어, 중국어, 베트남어, 몽골어, 우즈베크어, 타갈로그어 등 전 세계 13개 언어로 번역해 제공돼. 다른 나라의 역사와 문화를 소개하는 자료도 풍부하게 마련돼 있어서 다문화 가정을 이해하고자 하는 일반인도 많은 도움을 받을 수 있어.

또한 방송대에서는 다문화 가정 학부모 교육 과정을 운영하고 있고, 다문화 이주민 재학생과 졸업생을 대상으로 다문화 멘토 신청을 받아 또 다른 다문화 이주 학생을 돕도록 하고 있어.

다문화 가정에 손을 내미는 공동체

포천하랑센터는 다문화 청소년에게 '또래 공동체'를 만들어 주는 프로그램을 운영하고 있어. 다문화 청소년 두 명과 성인 자원봉사자 한 명이 팀을 이뤄서, 아이들이 좋아하는 영화를 보거나 놀이동산을 방문하기도 해. 학교생활에서 소외감을 느낀 다문화 가정의 아이들이 또래와 만나면서 자연스럽게 고민을 나누고, 유대감을 쌓기도 하지.

한국다문화청소년협회에서 운영하는 '또래누리 멘토링'은 다문화 가정의 아이들이 자연스럽게 한국어를 배울 수 있게 도와줘. 대학생은 고등학생에게, 고등학생은 중학생에게, 중학생은 초등학생에게 한국어를 가르치면서 가까워지고 있어. 학교 폭력으로 학교를 그만두었던 한 다문화

　가정 여학생은 이 프로그램을 통해 사회복지사의 꿈을 꾸게 되었어. 지금은 검정고시를 치르고, 대학교에 진학했어.

　'이웃사촌형 삼각 멘토링'은 한 종교 단체에서 그 지역 다문화 가정의 부모와 아이 모두를 돕는 활동이야. 한국인 가정과 교육·심리 전문가가 힘을 합쳐 한 다문화 가정을 지원하고 있어. 이 멘토링에 참여한 중국인 결혼 이주 여성은 친구를 사귀면서 우울증을 극복한 경험이 있다고 해. 자녀들은 책 읽기 모임을 통해 한국어는 물론 다른 사람과 관계 맺는 법도 배워 가고 있어.

교과서 속 다문화 키워드

#다문화 가정은 서로 다른 국적이나 인종, 문화를 가진 남녀가 결혼하여 이룬 가정을 말해요. 과거에는 다문화 가정 대신 '국제결혼'이나 '혼혈인 가족', '이중 문화 가족' 등 **#차별**적인 표현을 사용했었어요. 2003년 건강가정시민연대는 다양한 문화가 있다는 의미를 담아 다문화 가정이라고 부르자고 제안했어요.

제 3 장

신라를 지키려 했던 외국인, 처용

나를 구해 준 슈퍼맨, 무함마드 아저씨

골목길에서 마주친 검은 그림자

나율이는 학원 가방을 들고 방에서 나왔어요. TV에선 한창 뉴스가 나오고 있었어요.

"국내에 거주하는 외국인 노동자가 늘어나는 가운데 오늘은 이들과 관련된 안타까운 소식을 전해드리도록 하겠습니다. 어제 외국인 근로자 A씨가 작업장을 탈출하다 교통사고를 냈습니다. 이 사고로 두 명이 다치고, 전봇대를 들이받아 일대가 네 시간 동안 정전이 되었습니다. A씨는 현장에서 붙잡혔지만, 함께 이탈한 외국인 세 명은 아직 붙잡히지 않았습니다. 그래서 경찰은……."

나율이가 학원에 갈 준비를 마친 것을 보자 엄마는 얼른 TV를 끄면서 말했어요.

"벌써 학원 갈 시간이네. 이따 엄마가 데리러 갈까?"

"엄마도 참! 내가 어린애도 아니고 충분히 혼자 다닐 수 있어요."

"아니, 우리 동네가 외국인 노동자들이 많으니까……."

나율이가 너무 씩씩하게 말해서인지 엄마는 미처 말을 끝맺지 못하고 미소를 지으셨어요.

공장이 많은 나율이네 동네에는 외국인 근로자들이 많이 살아요. 나율이 아빠가 다니는 공장에도 외국인 근로자가 열 명도 넘는다고 했어요. 나율이도 평소엔 잘 몰랐는데 외국인 근로자 관련 뉴스를 들으니 마음 한 켠이 무거웠어요.

학원이 끝난 시간은 오후 6시였어요. 평소였으면 밖이 훤했을 텐데 하늘에 구름이 잔뜩 끼어 어두컴컴했어요. 나율이는 얼른 집에 가고 싶었어요. 그래서 멀리 돌아가는 큰길을 놔두고, 지름길인 골목길로 들어섰어요. 그런데 하필 그 골목이 커다란 공장과 공장이 사이에 있어서 더 어두웠어요.

"야! 거기 너!"

막 골목에 들어섰을 때 누군가가 나율이를 불러 세웠어요. 나율이 몸이 얼음처럼 굳어 버렸어요. 눈앞에는 딱 봐도 불량스러운 언니들이 다섯이나 서 있었거든요.

"어이, 꼬맹이! 내가 지갑을 잃어버려서 그런데, 같이 컵라면 먹으러 갈래?"

나율이는 심장이 벌렁거렸어요. 언니들이 점점 나율이 쪽으로 다가오고 있었어요.

"휘리릭, 휙! 휘익!"

그때 호루라기 소리가 귀를 찢을 듯 울렸어요. 동시에 강렬한 불빛이 날아왔어요.

"앗! 뭐야? 눈부셔. 저리 치워."

언니들은 눈이 부시다고 야단법석을 떨다가 하나둘씩 사라졌어요. 언니들에게서 벗어난 나율이는 안도의 한숨을 쉬었어요. 그런 나율이 곁으로 검은 그림자들이 다가왔어요.

"히아 킴 피푸(괜찮아요)?"

자세히 보니 남자 세 명이 나율이에게 다가오고 있었어요. 얼굴이 까무잡잡하니 눈만 더 새하얗게 빛나 보였어요. 어둠 속에서 새하얗게 빛나는 눈 여섯 개라니! 나율이는 공포 영화를 보는 것 같아 머리털이 쭈뼛쭈뼛 솟아올랐어요.

그때 턱수염을 기른 아저씨가 손을 뻗었어요. 나율이는 낮에 본 뉴스가 떠올랐어요.

"누, 누구세요? 안 돼요. 가까이 오지 마세요!"

의리 있는 최고의 직원 무함마드 아저씨

"괜찮아요?"

알아들을 수 없는 외국말 대신 이번에는 익숙한 한국말이 들려왔어요. 세 아저씨 중 수염을 기른 아저씨가 환하게 웃으면서 말했어요.

"다들 한국말 잘 못해요. 나는 한국말 잘해요. 우린 나쁜 사람 아니에요. 우리는 여기 공장에서 일하고 있어요. 그런데 위험한 것 같아서 도와주려고 했던 거예요."

아저씨의 말에 나율이는 그제야 안심이 되었어요. 감사한 마음에 허리를 90도로 숙여서 인사를 하던 나율이의 다리가 휘청거렸어요. 긴장이 풀리니 다리의 힘까지 풀려 버렸던 거예요. 수염을 기른 아저씨가 얼른 나율이를 잡아 주었어요. 그사이 아저씨 한 명이 어디론가 급히 전화를 걸었어요. 전화를 끊은 지 얼마 되지 않아서 여러 사람이 우르르 달려왔어요.

"무함마드! 무슨 일이 있었다고?"

나율이는 사람들 속에서 아빠의 얼굴을 발견했어요. 나율이는 아빠를 보자마자 와락 껴안았어요.

"이제 괜찮아, 나율아. 여기 있는 분들은 모두 공장 근로자들이야. 공장 순찰할 때 근처 골목이랑 동네를 함께 돌아보자고 해서 지난주부터 동네 순찰을 시작했단다."

　아빠는 나율이를 데리고 공장 안에 있는 응접실로 데려갔어요. 함께 온 무함마드 아저씨는 나율이를 위해서 차 한잔을 가져다주셨어요. 따뜻한 차를 마시니 나율이는 그제야 주변 풍경이 눈에 들어왔어요. 벽에는 액자가 여러 개 걸려 있었어요. 그중에는 '올해의 사원 시상식'이란 현수막 아래서 찍은 무함마드 아저씨 사진도 있었어요.

"여기 사진 무함마드 아저씨 맞죠?"

"맞아. 무함마드는 우리 회사 최고의 직원이란다. 아마 무함마드가 없었다면 회사는 문을 닫았을지도 몰라."

미소를 머금은 아빠가 무함마드 아저씨가 이곳에 오게 된 이야기를 해 주셨어요. 아빠가 일하는 공장은 4년 전에 큰 위기가 닥쳤어요. 전문 기술자가 한꺼번에 일을 그만두어서 공장 문을 닫을 뻔한 거예요.

우리나라에서 기술자를 구할 수 없었던 아빠는 외국 회사에 도움을 요청했고, 무함마드 아저씨는 몇몇 기술자를 모아서 당장 한국으로 와 주었어요. 덕분에 회사를 계속 운영할 수 있었고, 아빠도 일자리를 잃지 않았던 거고요.

"진혁, 너무 칭찬해서 어지러워요. 비행기 태우는 거는 그만해."

무함마드 아저씨는 아빠 이름까지 다정히 부르며 손사래를 쳤어요.

"무함마드, 진심으로 고마워요. 왜냐하면 이번에도 우리 공장에서 계속 일하자고 다른 근로자들을 설득해 줬잖아요. 무함마드가 가진 기술이면 다른 곳에서 돈도 더 벌 수 있고, 아니면 가족이 있는 파키스탄으로 돌아갈 수도 있는데 남았잖아요."

아빠는 아저씨의 손을 꼭 잡았어요. 아저씨 역시 아빠의 손을 맞잡았어요.

"한국 처음 와서 밥 먹을 때 진혁이 한 말이 좋았어요. 같이 밥을 먹으면 한국에서는 식구, 가족이라고 한다고. 이제부터 가족이라고 말해 줬어요. 그리고 지금까지 일하면서 우리는 좋았어요. 하지만 외국인 근로자에게 잘해 주는 곳이 별로 없어요. 그게 고마워서 우리도 회사에 도움이 되자고 했어요. 그 뭐라고 하죠? 의, 의지가 있다고 하는 건가?"

"아, 의리요! 무함마드 아저씨는 의리 있는 정말 좋은 분이에요!"

나율이는 무함마드 아저씨가 하려던 말을 다시 아저씨에게 돌려드렸어요. 아빠와 아저씨는 나율이의 말에 와하하 웃음을 터트렸어요.

우리 동네를 지키는 '처용 순찰대'

집으로 돌아가는 길 이미 어둠이 내린 밤이 되었어요. 나율이는 오랜만에 아빠 손을 꼭 잡고 걸었어요. 무함마드 아저씨가 아빠 대신 순찰을 돌기로 했거든요.

"아빠, 그런데 무함마드 아저씨랑 하는 동네 순찰은 뭐예요?"

나율이는 아까부터 궁금했던 것을 물었어요.

"우리 지역은 외국인 근로자가 많은데, 외국인 근로자라면 무조건 안 좋게 생각하는 사람도 있단다. 그래서 무함마드를 비롯한 외국인 근로자들이 공장을 순찰할 때 동네를 위해서 근처까지 더 살펴보자고 의견을 낸 거야. 또 요즘 전국적으로 안 좋은 사건도 많이 벌어지고 있으니 도움이 되고 싶었던 거야. 순찰대 이름은 처용 순찰대로 지었단다."

처용이란 말에 나율이가 고개를 갸웃거렸어요.

"왜 하필 처용이에요? 아저씨들이랑 처용이 어떤 관련이 있는지 잘 모르겠어요."

아빠는 우리 지역에 전해져 내려오는 처용 전설을 곁들여 차근차근 설명해 주셨어요.

"처용과 외국인 근로자 순찰대가 닮은 점이 많거든. 왜냐하면 신라 시대 때 우리나라에 건너왔던 처용은 외국 사람이었음에도 신라인을 지켜주고자 했던 마음이 컸단다. 당시 신라에는 전염병을 퍼트리는 악귀를 막기 위해 처용의 얼굴 그림을 문에 붙이는 풍습도 있었어. 또 처용이 우리나라에서 벼슬까지 했던 점에서는 어떻게 보면 그 당시의 외국인 근로자라고 할 수 있으니까."

"와, 우리 역사 속에도 그런 일이 있었네요. 아빠 이야기를 들으니 정말 딱 맞게 지어진 이름 같아요."

아빠와 걸으니 금세 집에 도착했어요. 현관문을 열고 들어가자 맛있는 저녁밥 냄새가 와락 몰려왔어요. 그리고 거실 TV에서는 저녁 뉴스가

흘러나오고 있었어요.

"훈훈한 소식의 주인공은 '처용 순찰대'입니다. 우리 지역에서 일하고 있는 외국인 근로자가 중심이 되어서 만든 동네 순찰대라고 하는데요. 자발적으로 나서서 모범이 되고 있는 그들을 직접 만나 보도록 하겠습니다."

TV 화면에는 무함마드 아저씨의 처용 순찰대 이야기가 막 소개되고 있었어요. 무함마드 아저씨는 물론이고 아빠의 모습도 보였어요. 아빠는 낮에 인터뷰한 내용이 벌써 뉴스에 나온다면서 반가워했어요.

나율이는 뉴스를 보면서 우리나라에 힘든 일을 마다하지 않는 외국인 근로자들이 새삼 고맙게 느껴졌어요. 나율이는 이런 좋은 소식을 학교 친구들에게 얼른 알려 줘야겠다고 생각하면서 뉴스에 빠져들었어요.

우리 사회에 꼭 필요한 일꾼, 외국인 노동자

낯선 이방인에서 '신라의 수호신'이 되었어요

처음에 대한 설화는 『삼국유사』와 『고려사』에 나와 있어. 헌강왕이 다스리던 때 신라는 태평성대를 누리고 있었어. 어느 날 헌강왕은 용왕을 위한 제사를 지내기 위해 개운포를 찾았어. 당시 개운포는 중국과 일본은 물론이고 멀리 인도와 아라비아 상인들까지 드나들던 항구였어.

제사가 끝나고 흥겨운 놀이판이 벌어졌는데, 이때 처용이 나타나서 멋들어지게 춤을 췄어. 그런데 처용의 외모는 여느 사람과 달라도 너무 달랐어. 보통 사람보다 키도 두 뼘이나 크고, 얼굴도 우락부락했지. 이런 이유로 역사학자들은 처용이 아라비아에서 왔을 거라고 추측하고 있어.

　처용의 춤에 감탄한 왕은 처용을 불러 칭찬했고, 후에 벼슬까지 내렸다고 해. 또 집을 내어 주고 아내와 짝지어 신라에서 살게 해 주었어. 처용이 상인이었는지에 관한 정확한 기록은 없지만, 신라에 머무는 동안은 헌강왕을 위해 일을 했던 점은 분명해.

　처용에 대해 전해지는 또 다른 이야기가 있어. 전염병을 일으키는 '역신'이 처용에게 죄를 지었는데 처용은 분노하지 않고 죄를 뉘우치게 만들었

대. 그래서 역신은 처용의 인품에 감탄한 나머지 "처용의 형상이 있는 곳엔 절대 들어가지 않겠습니다."라고 맹세를 한 거야. 그 후 신라에는 나쁜 기운을 물리친다는 의미로, 문에 처용 얼굴을 붙이는 풍습이 생겼다고 해.

처용이 자신에게 죄를 지은 사람을 용서하고 또 신라를 위해서 일했던 이유는 무엇일까. 그것은 왕을 비롯한 신라인에 대한 고마움 때문이었을 거야. 낯선 이방인인 자신을 누구보다 따뜻하게 맞아 주고, 친구로 삼아 주었으니 말이야.

산업 현장 곳곳에 꼭 필요한 존재예요

우리나라 국적은 없지만, 돈을 벌기 위해 우리나라에서 일하는 노동자를 외국인 근로자라고 해. 이 말이 흔하게 쓰이기 시작한 건 1990년대 중반부터야. 외국인 노동자들이 이때부터 '코리안 드림'을 품고 우리나라에 많이 들어오기 시작했거든. '코리안 드림'이란 한국에서 열심히 일하면 많은 돈을 벌 수 있다는 생각을 일컫는 말이야.

우리나라는 초고령 사회가 되어 가고 있어. 초고령 사회가 되면 출산율

은 떨어지고, 고령화가 진행되면서 일할 능력이 있는 사람이 줄어들게 돼. 그럼 농어촌은 물론이고 조선소, 공장, 건설 현장 등 산업 현장 곳곳에 일할 사람이 없어지는 문제가 생기는 거지.

　이런 상황에서 외국인 근로자는 없어서는 안 될 존재가 되어 가고 있어. 통계청에서는 2023년 우리나라의 외국인 근로자는 약 93만 명이라고 집계했고, 앞으로는 이 숫자가 더 늘어날 게 분명해.

➕ 지식플러스

신라를 찾았던 아라비아 사람들

경주 시내에는 '괘릉'이란 왕릉이 있어요. 이 괘릉의 주인은 신라 38대 왕인 원성왕이라고 여겨지고 있어요. 그런데 괘릉에는 독특한 석상이 있어요. 괘릉의 무인석은 커다란 코에 곱슬곱슬한 수염, 눈두덩이가 쑥 들어간 모습이 신라인과는 거리가 멀어요. 마치 백인이나 아라비아, 위구르 사람과 닮아 있어요. 이를 토대로 많은 역사학자들은 아라비아를 비롯한 외국인들이 신라를 찾았을 거라고 말해요. 고대 페르시아의 서사시 '쿠쉬나메'에는 신라에 관련된 기록이 많이 있어요. 서사시의 주인공 아비틴은 멸망한 페르시아의 유민을 이끌고 바닷길을 건너 신라에 정착했어요. 아비틴은 신라 왕에게 환대를 받았고, 신라 공주와 결혼했어요. 입으로만 전해지던 '쿠쉬나메'가 책으로 만들어진 것은 얼마 되지 않았어요. 아직 연구가 더 필요하지만 이 서사시는 놀랍게도 처용 설화와 닮은 구석이 많아요.

외국인 노동자가 겪는 문제를 찾았다!

행복할 권리마저 빼앗긴 외국인 노동자

동등한 근무 환경에서 일하고 싶어요

우리나라에 취업한 외국인 근로자는 주로 어떤 곳에서 일하고 있을까. 외국인 취업자의 절반 정도는 제조업 분야에서 일하고 있어. 그다음으로는 음식점이나 숙박업소, 건설 현장, 농어촌 순으로 나타났어. 대다수의 외국인 노동자는 우리나라 사람들이 일하기 꺼려하는 힘든 일을 도맡아서 하는 셈이야. 이런 곳들은 늘 일손이 부족해 외국인 노동자들의 손길이 더욱 절실히 필요하지.

그런데 문제는 이런 곳의 근로 조건이 열악한 경우가 많다는 점이야. 먼저 임금을 살펴보면, 같은 일을 해도 외국인 노동자라는 이유로 더 낮은 수준의 임금을 책정하기도 하고, 몇몇의 나쁜 고용주들은 이마저 제대로 지급하지 않아서 문제가 되기도 했지.

근무 현장이 위험한 것도 문제야. 안전에 대한 이해가 부족해 안전 장비 없이 일하다가 다치는 사례도 있거든. 이런 경우 산재보험을 이용하면 병원비 걱정 없이 치료를 받을 수 있지만, 이 내용을 알지 못하거나 과정이 복잡해서 포기하는 외국인 근로자들도 있어. 또 근무 시간에 병원 가는 일조차 힘들어하는 외국인 노동자들도 있어. 이들을 위해 주말에 무료로 운영하는 진료소를 여는 등 도움을 주는 곳도 있어.

뿐만 아니라 외국인 근로자가 머무는 숙소도 불편한 점이 많았어. 회사에서 기숙사를 제공하는 게 일반적인데, 컨테이너 같은 열악한 숙소를 주는 곳도 있었거든. 다행스러운 점은 외국인 근로자라는 이유로 겪는 부당한 대우나 열악한 환경 등은 점차 나아지고 있다는 거야.

가족과 함께 살 수 없어요

우리나라는 외국인 근로자를 체계적으로 도입하고, 관리하기 위한 제도를 운영하고 있어. 가장 먼저 시행된 제도는 '외국인 산업연수제'인데, 외국 기관에서 산업연수생을 모아 우리나라의 기업에 보내주는 거야. 하지만 연수생 신분이라 임금을 제대로 받지 못하고, 연수생을 모집하고 보내는 과정에서 여러 불법적인 문제가 생겼어.

이런 점을 보완해 2004년부터는 '고용허가제'가 시행됐어. 고용주가 나라에 노동자를 신청하면, 정부가 취업을 희망하는 외국인 근로자에게 취업비자를 줘서 입국을 허가하는 제도야. 기존 '산업연수제'는 외국인 노동자를 '연수생'으로 대우하겠다는 취지가 강했다면, '고용허가제'는 외국인이 노동 인력으로서 정당한 대우를 받게 하며 인권 침해, 불법 체류 등의 문제를 줄이겠다는 의지가 반영된 제도야.

제도가 점차 나아지고 있다지만, 여전히 개선될 부분은 있어. 고용허가제는 외국인 노동자를 정당한 노동자로 대우하고자 보완된 제도이지만, 우리나라에 오래 머무는 건 막고 있거든. 현행 고용허가제에서는 우리나라에서 일하는 동안 외국인 노동자에게 가족 동반 비자를 주지 않아.

고용허가제로 한국에 오는 노동자의 나이는 18세 이상 39세 이하야. 이들은 한창 가정을 꾸릴 젊은 청년들이야. 많은 노동자가 결혼할 때를 놓칠 수밖에 없어. 결혼한 뒤에 우리나라에 온 경우는 어떨까. 아내나 남편과 오랫동안 떨어져 지내면 당연히 관계가 멀어질 수밖에 없어. 또 자녀들은 아빠나 엄마와 함께하는 유년 시절의 추억을 쌓을 수가 없어. 단지 우리나라에서 일한다는 이유로 가족이 무너지는 안타까운 일을 감당해야 하는 거야.

외국인 노동자도 행복할 권리가 있는 똑같은 사람이야. 정부와 고용주는 일하러 온 외국인에게도 동등한 대우를 해 줘야 해. 당장 이들이 한국을 찾지 않으면, 우리 산업도 일손 부족으로 큰 타격을 받게 될 거야.

외국인 노동자를 배려하는 마음

> 외국인 노동자를 위해 제도를 개선해요

우리나라는 지금 외국인 노동자의 역할과 비중이 점점 커지고 있어. 특히 2023년에는 외국인력 확대 정책에 따라 연 5~7만 명에서 12만 명으로 급증하기도 했지. 그러나 고용허가제는 2004년부터 시행되어 온 거라, 20여 년이 지난 요즘에 맞지 않게 지나치게 엄격한 기준을 적용하게 되는 경우가 많아. 이런 불편함 때문에 외국인 노동자와 이들을 고용하는 사업주의 민원도 늘어가고 있지.

특히 사업장 변경, 재고용, 재입국 특례에 관한 규정이 너무 엄격하다는 민원이 가장 많은데, 이는 모두 외국인 노동자가 우리나라에서 안정적으로 일할 수 있는 기간과 관련이 있어.

　우리나라에는 국민의 권리를 보호하고 공무원의 부패를 막기 위해 만든 국민권익위원회라는 행정기관이 있어. 국민권익위원회는 외국인 노동자의 권리와 이익을 보호하기에 좀 더 나은 방향으로 고용허가제를 손볼 것을 권고했어.

　이러한 국민권익위원회의 권고에 따라 해당 법령이 개정되고 고용허가제 내용이 일부 바뀌게 된다면 우리나라에서 일하는 게 익숙해진 외국인 노동자가 좀 더 안정적인 상황에서 오래 일할 수 있는 환경이 마련될 거야. 사업주 또한 효율적이고 신속하게 일할 사람을 구할 수 있고 말이야.

　외국인 노동자를 우리 사회의 구성원으로 받아들이려는 일반 시민의 노력도 중요하지만, 그에 앞서 변화하는 현실에 맞게 제도를 개선해 나가는 유연한 대처가 필요해.

➕ 지식플러스

불법체류자 어떤 사람들이에요?

우리나라에 입국하려는 외국인은 언제까지 머물 것인지, 어떤 목적으로 입국하게 됐는지를 밝혀야 해요. 그런데 약속한 기한을 넘기거나, 원래 목적에서 벗어난 일을 하면서 머무르는 경우 불법체류자라고 해요. 또 원래 입국할 수 없는 신분인데 몰래 숨기고 입국한 외국인도 불법체류자에 속해요. 2022년 기준으로 유학이나 관광, 취업 등의 여러 가지 이유로 국내에 머문 외국인은 약 225만 명으로 조사됐어요. 이 중 약 41만 명은 불법체류자라고 해요. 불법체류자가 낳은 아이는 미등록 아동이라고 하는데, 이들까지 포함하면 불법체류자는 더 많을 거라고 보고 있어요.

외국인 노동자와 주민이 함께하는 축제 한마당

 2023년 가을, 울산에서 '세계문화축제'가 열렸어. 울산 지역의 한 조선소에서 마련한 자리였지. 여기서 근무하는 외국인 근로자 1500명을 비롯해 인근 주민 등 총 5000여 명이 참석했는데, 곳곳에는 한국, 태국, 인도네시아, 베트남 등의 전통 의상과 음식을 맛볼 수 있는 부스가 마련되었어. 그리고 아프가니스탄에서 온 어린이와 서부초등학교 어린이로 구성된 합창단의 공연은 사람들의 가슴에 깊은 울림을 남겼어. 외국인 노동자들이 참가하는 장기 자랑 무대도 있었어.

외국인 노동자들은 이날만큼은 고된 일에서 벗어나 여유를 즐길 수 있었고, 무엇보다 지역 주민과 함께 웃는 뜻깊은 시간이 되었어. 주민들 역시 잘 알지 못했던 그들의 문화를 체험하며 외국인 노동자에 대한 편견을 버릴 수 있었지. 이처럼 외국인 근로자가 소외되지 않고 적응하도록 돕는 행사와 프로그램이 점점 늘어나고 있어.

교과서 속 다문화 키워드

나라 사이의 이동이 자유로워지면서 우리나라에도 매년 많은 외국인이 방문하고 있어요. 외국인이 많이 방문하면 어떤 점이 좋을까요? 먼저 **#경제가 활성화**돼요. 외국인 관광객의 우리나라에서 물건이나 서비스를 소비하면서 경제가 발전해요. 더불어 외국에 나가지 않고도, 다른 나라의 문화를 체험하는 기회가 생겨요.

또 **#외국인 노동자**를 채용해서 인구 절벽으로 인한 일손 부족을 해결할 수 있어요. 하지만 **#불법체류자**로 인한 사회적 문제는 극복해야 할 부분이에요.

안남국에서 온 난민, 이용상

난민이 아니라 우리 반 친구예요!

김밥을 좋아하는 비올라

유준이는 평소보다 한 시간은 일찍 눈이 떠졌어요. 5학년에 올라와 첫 체험학습이 있는 날이라 그런지 가슴이 설렜어요.

방에서 나온 유준이는 고소한 김밥 냄새를 따라 주방으로 발걸음을 옮겼어요. 도시락을 싸던 엄마는 일찍 일어난 유준이를 보고 화들짝 놀랐어요.

"오늘 해가 서쪽에서 떴나? 잠꾸러기 공유준이 깨우지도 않았는데 일어난 거야?"

멋쩍어진 유준이는 배시시 웃었어요. 그러고는 접시에 담긴 김밥 끄트머리를 냉큼 집어 먹었어요.

"참, 비올라 김밥도 같이 싸 주시기로 한 거 잊지 않으셨죠?"

오물오물 김밥을 먹던 유준이가 엄마에게 물었어요.

"당연하지. 그런데 비올라 입맛에 맞을지 모르겠다."

"비올라도 김밥 좋아해요. 아프가니스탄에 있을 때도 먹어봤다고 했어요."

유준이는 급식에서 나온 김밥을 맛있게 먹던 비올라의 얼굴이 떠올라 저도 모르게 웃음이 났어요.

비올라는 유준이네 반에 전학 온 아프가니스탄 친구예요. 유준이는 비올라가 전학 온 첫날을 또렷하게 기억하고 있어요. 학교도, 사람들도

낯설 텐데 비올라는 맑은 눈망울로 환하게 웃어 주었거든요.

"비올라는 아프가니스탄에서 와서 아직은 모든 게 낯설 테니 우리 반 친구들이 많이 배려해 주고, 친절하게 대해 주면 좋겠어요. 비올라는 유준이 옆에 앉으렴."

선생님은 한국말이 서툰 비올라를 대신해서 비올라 이야기를 들려주셨어요.

아프가니스탄은 아시아와 중동 사이에 있는 나라인데, 난폭한 이슬람 단체인 탈레반이 나라를 점령하면서 큰 혼란에 빠지고 말았다고 해요. 탈레반은 사람들의 자유를 억압하고, 특히 여자나 어린이의 인권을 짓밟는 것으로 악명이 높은 단체였거든요. 아프가니스탄 사람들은 매일매일 공포에 떨면서 나라를 떠나기 시작했어요.

선생님은 이렇게 전쟁이나 자연재해, 괴롭힘을 피해서 다른 나라로 가는 사람들을 '난민'이라고 부른다고도 알려 주셨어요. 비올라네 가족은 난민이 되어 우리나라에 오게 된 것이었어요.

유준이는 비올라와 짝이 된 이후로 매우 가까워졌어요. 그리고 지난해에 이어서 올해도 비올라와 한 반이 되었어요. 이제는 도시락도 싸 줄 만큼 단짝이 되었지요.

『한국사에서 찾은 다문화 이야기』 교과 연계

	과목	학년	단원
제1장 아유타에서 온 허 황후	사회	3-2	3. 가족의 형태와 역할 변화
		4-2	3. 사회 변화와 문화의 다양성
	도덕	4	6. 함께 꿈꾸는 무지개 세상
		5	6. 인권을 존중하며 함께 사는 우리
제2장 다문화 가정에서 태어난 장영실	사회	3-2	3. 가족의 형태와 역할 변화
		4-2	3. 사회 변화와 문화의 다양성
		6-1	3. 우리나라의 경제 발전
	도덕	3	3. 사랑이 가득한 우리 집
		4	6. 함께 꿈꾸는 무지개 세상
제3장 신라를 지키려 했던 외국인, 처용	사회	4-1	2. 우리가 알아보는 지역의 역사
		4-2	2. 필요한 것의 생산과 교환 3. 사회 변화와 문화의 다양성
		6-1	3. 우리나라의 경제 발전
제4장 안남국에서 온 난민, 이용상	사회	6-2	2. 통일 한국의 미래와 지구촌의 평화 3. 인권 존중과 정의로운 사회
	도덕	4	6. 함께 꿈꾸는 무지개 세상
제5장 조선을 사랑한 일본의 장수, 김충선	사회	4-1	3. 지역의 공공기관과 주민 참여
		4-2	3. 사회 변화와 문화의 다양성
		5-1	1. 국토와 우리 생활
		6-1	3. 우리나라의 경제 발전
제6장 한국 문화를 세상에 전한 유학생	사회	4-1	3. 지역의 공공기관과 주민 참여
		4-2	1. 촌락과 도시의 생활 모습 3. 사회 변화와 문화의 다양성
		5-2	1. 옛사람들의 삶과 문화

동물에서 찾은 환경 이야기 사회편 ①
김보경, 지다나 글 | 이진아 그림 | 가격 14,000원

#플라스틱 때문에 목숨을 잃는 바다거북 #패스트 패션 때문에 배탈이 나는 소 #과자 때문에 집을 잃는 오랑우탄 #미세먼지 때문에 길을 잃는 꿀벌 #에어컨을 틀 때마다 죽어가는 남극 펭귄 #버려지는 스마트폰으로 병드는 닭

★ 키워드 : 환경, 쓰레기, 플라스틱, 멸종 동물

전염병에서 찾은 민주주의 이야기 사회편 ②
고수진, 지다나 글 | 조예회 그림 | 가격 14,000원

#흑사병이 불러온 유대인의 희생 #아테네 역병으로 사라진 법과 질서 #스페인 독감, 그리고 나라 잃은 설움 #흑인을 위한 결핵 요양소는 없다 #한센병 환자들의 감옥, 소록도 #산업혁명 때 불어닥친 콜레라

★ 키워드 : 전염병, 인권, 민주주의, 역사, 사회, 차별

유튜브에서 찾은 경제 이야기 사회편 ③
황다솜 글 | 이진아 그림 | 값 14,000원

#유튜브로 인해 달라진 세상 #'구독', '좋아요'로 알아보는 경제 원리 #시장을 바꾸는 유튜브의 파급력 #유튜브와 다양한 마케팅 방법 #구독자의 마음을 읽는 맞춤 광고 #유튜브로 배우는 올바른 소비 습관

★ 키워드 : 유튜브, 경제, 시장, 공급, 수요, 생산, 소비, 판매, 광고, 세금, 소득

도서관에서 찾은 인권 이야기 사회편 ④
오은숙 글 | 이진아 그림 | 가격 14,000원

#여성은 출입할 수 없었던 도서관 #어린이가 마음껏 책을 읽을 수 없었던 도서관 #피부색이 다르다고 차별했던 도서관 #장애인이 이용하기 힘들었던 도서관 #이주민은 책을 빌릴 수 없었던 도서관 #고령자가 이용하기 힘들어진 현대 도서관

★ 키워드 : 도서관, 책, 인권, 역사, 사회, 차별 ★2023년 한우리 독서토론 논술 추천도서

축제에서 찾은 동물권 이야기 사회편 ⑤
서민 글 | 박선하 그림 | 가격 14,000원

#세계적인 스포츠 축제, 동물들도 함께 즐거울 순 없나요? #핏빛 바다, 고래의 울음소리가 가슴 아파요 #싸우는 건 나쁘다면서 왜 재미로 싸우게 하죠? #화려한 장식 속에 가려진 코끼리의 눈물을 아시나요? #경마장이 아닌 초원을 함께 달리고 싶어요 #낙타 미모 경연 대회를 발칵 뒤집은 성형 스캔들!

★ 키워드 : 동물권, 동물보호, 생태계, 멸종위기종, 축제, 경마, 투우, 고래 사냥

세계 마을에서 찾은 공동체 이야기 사회편 ⑥
김미현 글 | 김소희 그림 | 가격 14,000원

#위기 극복을 위한 경제 공동체 #동물과 사람의 특별한 공동체 #삶의 공간을 함께 만든 주거 공동체 #식량 위기를 극복한 농업 공동체 #스스로 만들고 사용하는 에너지 공동체 #마을이 함께 키우는 교육 공동체

★ 키워드 : 공동체, 협동, 위기극복, 경제, 주거, 식량, 에너지, 공동육아

쓰레기에서 찾은 불평등 이야기 사회편 ⑦
하영희 글 | 이진아 그림 | 값 14,000원

#지방에 지어지는 핵폐기물 처리장 #개발도상국으로 수출하는 생활 쓰레기 #환경 오염에 쉽게 노출되는 저소득층 #낮은 신분 계급만 하는 직업, 쓰레기 청소 #기업이 버린 유독성 폐기물로 고통받는 지역 주민 #몇몇 나라의 우주 개발 때문에 전 세계에 떨어지는 우주 쓰레기

★ 키워드 : 쓰레기, 불평등, 신분, 핵폐기물, 플라스틱쓰레기, 재활용, 재사용, 우주쓰레기

스마트폰에서 찾은 디지털 시민 이야기 사회편 ⑧
황다솜 글 | 이진아 그림 | 가격 14,000원

#메타버스에서 만난 친구를 현실에서 만난다면? #스마트폰만 있으면 물건을 사고팔 수 있다고? #메신저 단체 대화방에서는 무슨 일이 일어나고 있을까? #포털 사이트 뉴스는 다 믿어도 될까? #SNS 계정에 내 개인정보가 다 있다고? #각자의 생각을 영상으로 말한다면?

★ 키워드 : 스마트폰, 온라인, 디지털 시민, 메타버스, 개인정보, 뉴미디어, 관계

전쟁에서 찾은 세계 지리 이야기 사회편 ⑨
김정희·양수현 글 | 박선하 그림 | 가격 14,000원

#얼지 않는 항구를 차지하라! 크림 전쟁 #전 세계를 뒤흔든 최악의 전쟁, 제2차 세계대전 #둘로 나뉜 한반도의 슬픔, 6.25 전쟁 #해양 실크로드를 둘러싸고 벌어진 수에즈 전쟁 #슬픈 다이아몬드의 나라, 시에라리온 내전 #미국에게 최초로 패배를 안겨 준 베트남 전쟁

★ 키워드 : 전쟁, 지리, 지도, 분쟁, 영토, 자원, 반전

식탁에서 찾은 세계 시민 이야기 사회편 ⑩
유소라·조윤주 글 | 이진아 그림 | 가격 14,000원

#음식 쓰레기로 다시 요리를 해서 먹는다고? #베이컨이 무슬림 혐오를 의미한다고? #기후 위기 때문에 감자튀김을 못 먹을 수도 있다고? #동물이 행복해야 우리가 건강하다고? #아이스크림이 아동 노동을 이용해 만들어진다고? #멸종할 수 있는 고래를 다시 잡는다고?

★ 키워드 : 세계시민, 음식, 빈곤, 기아, 불평등, 차별, 아동노동, 기후, 동물복지

SNS에서 찾은 연대 이야기 사회편 ⑪
김미현 글 | 송진욱 그림 | 가격 14,000원

#기후 운동을 위한 연대 #미얀마 민주화 운동 연대 #민간 외교를 위한 연대 #우크라이나 난민을 위한 연대 #팬데믹 극복을 위한 연대 #쓰레기를 줄이기 위한 연대

★ 키워드 : SNS, 소통, 연대, 기후 위기, 난민, 민주화, 쓰레기

인터넷에서 찾은 미디어 리터러시 이야기 사회편 ⑫
홍미선 글 | 차차 그림 | 가격 14,000원

#뉴스를 제대로 보는 눈 #다 믿으면 안 되는 부풀려진 광고 #바르게 이용하면 유익한 게임 #내 취향을 반영하는 알고리즘 #내 일을 대신해 주는 AI #인터넷에서 지켜야 할 예절

★ 키워드 : 인터넷, 미디어, 인공 지능, 게임, 리터러시, 이해력

메타버스에서 찾은 뇌과학 이야기 과학편 ①
고수진 글 | 박우희 그림 | 가격 14,000원

#가짜 세상에서 실감 나게 놀 수 있다면? #생각만으로 가상 세계에 접속할 수 있다면? #내게 일어난 일을 빠짐없이 기억할 수 있다면? #누가 나와 똑 닮은 아바타를 괴롭힌다면? #거울처럼 똑같은 디지털 세상에서 생활한다면? #게임에 중독되는 이유가 우리의 뇌 때문이라면?

★ 키워드 : 메타버스, 가상현실, 뇌과학, 디지털, 사이버, 게임

우리 집에서 찾은 생태계 이야기 과학편 ②
박영주 글 | 편히 그림 | 가격 14,000원

#몸에 좋은 곰팡이가 있다고? #벌레와 곤충이 우리 집에서 같이 살고 있다고? #도시에서 왜 자주 산불이 나는 걸까? #귀여운 반려동물이 생태계를 위협한다고? #야생 동물이 우리 동네에 산다고? #채소를 베란다에서 직접 길러서 먹는다고?

★ 키워드 : 자연, 생태계, 도시 생태, 곰팡이, 산불, 지구온난화, 야생 동물, 해충, 익충, 도시 농부

마루 밑에서 들려온 이상한 소리

씽씽 달리던 버스가 멈춰 섰어요. 재잘거리던 아이들의 목소리가 잦아들었어요. 유준이와 친구들은 창문에 달라붙어 바깥을 살폈어요. 출발할 때만 해도 아파트가 많은 도시였는데, 어느새 바깥 풍경은 기와를 얹은 한옥들이 옹기종기 모여 있는 작은 마을로 바뀌어 있었어요. 비올라도 신기한 듯 내다봤어요.

"5학년 3반 친구들, 주목! 여긴 충효당이란 곳이에요. 오늘 체험학습을 위해서 문화해설사 선생님과 만나기로 한 시간이 좀 남았어요. 그래서 자유 시간을 가지려고 해요. 30분 동안 짝과 함께 둘러보면서 이곳이 어떤 곳인지 맞혀 보세요."

선생님의 이야기를 들은 아이들은 궁금증을 한가득 안고 버스에서 내렸어요.

친구들처럼 유준이와 비올라도 단서를 찾기 위해 이곳저곳을 기웃거렸어요. 가장 중심에 있는 한옥에는 커다란 한자가 적혀 있었어요. 유준이는 '충효당'이란 한자를 한 글자씩 읽으면서 비올라에게 알려 주었어요.

"야옹."

그때였어요. 어디선가 희미한 소리가 들려왔어요. 비올라가 귀를 쫑

굿 세웠어요. 소리는 마루 안쪽에서 나고 있었어요. 비올라는 땅바닥에 엎드린 채 마루 안쪽을 살폈어요.

"야옹."

"고양이다. 무슨 일 있나?"

비올라는 쉬지 않고 울어대는 고양이가 어딘지 이상하다고 생각했어요. 유준이는 슬쩍 시계를 봤어요. 선생님께서 주신 30분 중 이제 10분밖에 남지 않았어요. 유준이는 고양이보다 퀴즈를 맞추지 못한 게 걱정됐어요.

그런데 비올라는 자리를 뜨지 않고 흙바닥에 딱 붙어 있었어요. 캄캄해서 안이 잘 보이지 않자 비올라는 스마트폰의 플래시 기능을 켜고 마루 밑을 비췄어요.

"어, 움직여! 고양이, 아기 고양이! 왜 저기······."

궁금해진 유준이가 비올라 곁으로 다가갔어요. 쭈그리고 앉아서 보니 마루 안쪽 구석에 고양이의 두 눈이 반짝이고 있었어요. 자세히 보니 치즈 같은 노란색에 줄무늬가 있는 아기 고양이였어요. 고양이는 돌 밑에 깔린 채 옴짝달싹 못 하고 있었어요. 얼마나 그러고 있었는지 울음소리가 점점 옅어지고 있었어요.

벌떡 일어선 비올라는 어디론가 후다닥 달려갔어요. 잠시 후 돌아온

비올라의 손에는 기다란 막대가 들려 있었어요. 비올라는 주저하지 않고 엎드려 막대기로 고양이를 누르고 있던 돌을 밀어내려고 했어요. 유준이도 스마트폰으로 계속 고양이를 비추었어요.

"좀 더, 옆으로. 좀 더 밀어 봐."

막대기는 아슬아슬하게 돌에 닿지 않았어요. 안타까운 마음에 유준이의 목소리만 점점 커져 갔어요.

소리를 듣고 아이들이 하나둘씩 모여들었어요. 고양이를 도와주려는 비올라와 유준이를 둘러싸고 아이들이 수군거렸어요.

"그러지 말고 누가 들어가서 꺼내는 게 빠르겠다. 네가 제일 날씬하니깐 해 봐."

"싫어! 저기 들어갔다가는 옷 버릴 게 뻔한데 그걸 누가 하냐?"

"아휴, 귀찮아. 길고양이 난 딱 질색이야!"

"아기 고양이라며? 불쌍해서 어떡해."

아이들은 한마디씩 할 뿐 아무도 나서지 않았어요.

갑자기 비올라가 벌떡 일어섰어요. 그러고는 가방까지 벗고서 마루 속으로 쑥 기어갔어요. 순식간이었어요. 유준이가 말릴 틈도 없었어요. 여자애들은 "꺅!" 소리를 질렀어요.

재투성이 비올라와 아기 고양이

"정숙해야 할 충효당에서 무슨 소란을 피우고 있는 게냐?"

근엄한 목소리에 고개를 돌려보니 머리가 희끗희끗한 문화해설사 할아버지가 계셨어요. 옆에는 선생님이 당황한 얼굴로 아이들을 지켜보고 있었어요.

"아니, 평소엔 얌전한 애들인데 거기서 뭐 하고 있니? 어서 나와, 공유준, 비올라!"

놀란 유준이는 마루 속을 비추던 스마트폰을 떨어트렸어요. 선생님의 목소리에 비올라의 발이 꿈틀거리기 시작했어요. 좁은 틈에서 기어 나오느라 안간힘을 쓰는지 비올라 입에서 "끙, 끙" 소리가 났어요. 친구들은 그 모습이 우스워 웃음을 터트렸어요.

막 기어 나온 비올라의 얼굴은 먼지투성이였어요. 좀 전까지만 해도 새하얗던 원피스는 흙칠로 얼룩덜룩했어요. 단정하게 묶은 머리칼에는 거미줄이 엉켜 있었고요. 하지만 표정은 그 어느 때보다 밝았어요.

"여기, 아기 고양이! 괜찮아요, 이제 괜찮아."

비올라의 손에는 작디작은 고양이 한 마리가 들려 있었어요. 유준이는 지금까지 있었던 일을 털어놓았어요.

"이 할아버지가 크게 오해했구나. 도리어 고양이를 찾아 줘서 고맙다는 인사를 해야 하는데 말이지. 이 아기 고양이는 우리 손주가 돌보는 고양이 새끼인데 이틀 전부터 보이지 않아 걱정이 많았거든. 정말 고맙다, 비올라."

할아버지는 비올라의 머리에 붙은 거미줄을 털어 주면서 말했어요.

"그런데 비올라, 마루 밑에 들어가면 더러워질 게 뻔한데 왜 고양이를 구해 줬어?"

"고양이 살아 있어. 보는데 눈 안에 두려움 가득했어. 꼭 나처럼. 아프가니스탄에서 힘들 때 한국이 도와줬잖아. 그래서 나도 누군가 어려운 일을 겪으면 꼭 돕고 싶었어."

유준이는 귀찮고 더럽다고만 생각했던 자신이 부끄러워졌어요. 친구들도 모두 같은 마음인 것 같았어요. 할아버지는 다시 말을 이었어요.

"이곳 충효당 이야기를 들려줘야 할 시간인 것 같구나. 이곳은 임진왜란 때 왜적과 싸우다 돌아가신 이장발이란 사람을 기리기 위해 만든 정자란다. 그런데 이장발의 조상인 이용상이란 분은 비올라처럼 안남국, 지금으로 치면 베트남에서 우리나라로 피신을 했던 안남국의 왕자였단다."

"와, 이용상이란 분도 난민인 셈이네요."

유준이가 번뜩 떠오른 생각을 말했어요. 할아버지가 무릎을 탁 치며 말을 이었어요.

"그렇지! 이용상은 고려에 도착하자마자 한 일이 해적으로부터 고려 백성을 구한 거란다. 비록 외국인이었지만, 비올라처럼 도움이 필요한 사람을 모른 척하지 않았어."

유준이를 비롯한 반 친구들은 할아버지가 들려주는 옛이야기에 홀딱 빠져 버렸어요.

"애들아, 우리 조상들은 옛날부터 위험에 처한 난민도 품을 줄 알았단다. 또 귀화한 사람들 역시 나라에 보탬이 되기 위해 열심히 일했고 말이야. 그건 오늘날도 마찬가지인 것 같구나. 우리나라에 온 비올라가 용기 있게 고양이를 구해 준 것처럼 말이야."

선생님은 기다렸다는 듯 말을 꺼냈어요. 아이들이 아기 고양이와 비올라를 둘러쌌어요. 그러고는 비올라를 향해 박수를 쳐 주었어요. 유준이는 비올라와 친구라는 게 새삼 감사하게 느껴졌어요.

나라를 떠나야 하는
슬픈 사람들, 난민

> **고려를 지키는 데 앞장선 난민, 이용상**

　베트남의 옛 이름은 '안남국'이야. 안남국의 첫 왕조인 리 왕조는 백 년이 넘는 세월 동안 번성했어. 이용상은 안남국의 여섯 번째 임금인 영종의 둘째 아들이지. 하지만 리 왕조는 진도수라는 지방 호족에 의해 멸망하게 돼. 진도수는 왕권을 빼앗고, 이용상을 비롯한 왕족을 모두 없애려 했어. 이를 눈치챈 이용상은 부하 몇 명과 배를 타고 안남국을 탈출했어. 그들이 탄 배는 고려 옹진에 도착했어. 그때가 1226년이야.

　이용상이 고려에서 처음 마주친 풍경은 전혀 평화롭지 않았어. 해적이 노략질하면서 고려 사람들을 괴롭히고 있었거든. 무술이 뛰어났던 이용상은 고려인들을 구출하고, 해적은 잡아서 마을에 끌고 갔어. 수령은 해적을 물리친 이용상을 극진히 대접하고, 나라에 이 소식을 알렸어. 고종은 크게 기뻐하면서 이용상에게 화산 지역의 땅과 벼슬을 내려 주며 정착하게 했지.

　이용상의 활약은 여기에 그치지 않았어. 1253년 몽골군이 쳐들어와 옹진성을 공격하자 이용상은 흙으로 성을 두텁게 쌓으며 저항했어. 몽골군은 다섯 달 동안 공격을 했지만 옹진성을 무너뜨리지 못했지. 지친 몽골 장수는 화해하자며 황금이 가득 담긴 상자를 선물로 보냈어. 하지만 이용상은 속임수를 알아차렸어. 상자에 구멍을 뚫어 안을 들여다보았지. 아니나 다를까 안에는 자객이 칼을 품고 숨어 있었어. 이용상은 펄펄 끓는 물을 구멍에 붓게 한 뒤 상자를 몽골군에 되돌려 보냈지. 놀란 몽골군은 부랴부랴 도망쳤어. 이용상은 도망치는 몽골군을 단번에 물리쳤어.

　나라를 지키는 데 큰 공을 세운 이용상은 높은 관직을 얻었지. 이용상은 '화산 이 씨'의 시조가 되었어. 살던 나라를 떠날 수밖에 없던 난민 이용상을 고려에서 받아 준 덕분에 이런 업적을 세울 수 있었던 거야.

지식플러스

외국인을 차별하지 않았던 고려

고려는 외국인을 잘 대접하는 개방적인 나라였어요. 그 예가 고려의 중요 무역항인 벽란도예요. 고려가 외국인에게 관대한 문화를 가진 나라란 게 알려지면서 송나라와 일본을 비롯해 멀리 아라비아에서까지 상인들이 찾아왔어요. 세계 곳곳에서 몰려드는 상인들로 북적이는 벽란도는 국제적인 무역항으로 발전했어요. 나아가 고려는 능력이 있는 인재라면 외국인이라도 과감하게 벼슬을 내리고 받아들이기도 했어요. 고려 초부터 100년간 귀화한 외국인의 수가 17만 명이란 기록도 남아 있어요. 안남국에서 건너온 이용상 이외에도 중국 후주 사람인 쌍기는 과거 제도를 주관하는 관리가 되어 고려에서 일했어요. 중국 상인 주저는 거란이 침략했을 때 큰 공을 세운 뒤에 외교를 책임지는 벼슬자리에 오르기도 했지요.

전쟁과 자연재해로 나라를 등지는 난민들

예로부터 전쟁과 분쟁, 가난, 자연재해 등을 피해 살던 나라를 떠난 사람들이 있었어. 이런 사람들을 난민이라고 부르지. 그런데 최근에는 정치적, 인종적, 종교적인 괴롭힘을 피해 나라를 떠나는 사람까지도 난민이라고 해.

유엔난민기구에 따르면, 지난 2011년 이후 전 세계적으로 박해, 분쟁, 폭력, 인권 침해 및 공공질서 훼손 사건 등으로 인해 난민 수가 급증했어. 2021년 말에 전 세계 난민 인구는 8930만 명이었고, 2022년 중반에는 1억 300만 명, 2022년 말에는 1억 840만 명에 이르렀어. 2011년 3854만 명에 비해 4배 이상 증가한 거야. 우크라이나 전쟁, 미얀마 쿠데타 같은 분쟁이 끝나지 않는 이상 난민은 계속 늘어날 수밖에 없어. 최근에는 지구 온난화로 인한 기후 위기로 집을 떠나는 사람도 늘고 있어. 2016년부터 2021년까지 기상 이변으로 인한 홍수, 강풍 등으로 살 곳을 잃은 기후 난민은 1억 3400만 명에 달했어. 하지만 기후 난민은 난민으로 인정하지 않아 난민 자격을 얻기 힘들어.

우리나라를
찾아온 난민들

환영받지 못한 난민도 있어요

2021년 많은 아프가니스탄 사람들은 탈레반의 위험을 피해 나라에서 탈출했어. 우리나라는 아프가니스탄 주재 한국대사관과 한국 병원 등에서 함께 일했던 사람들과 가족 391명을 우리나라로 안전하게 데려왔어. 그리고 '특별기여자'란 이름을 주고 이들을 환영했어. 대부분의 국민도 이들을 따뜻하게 맞이했지.

하지만 모든 난민이 환영받은 것은 아니야. 2018년 내전을 피해 우리나라에 온 500명의 예멘 난민들은 사정이 달랐어. 정부는 이들을 제주도에서 떠나지 못하게 하고, 이동을 막았어. 난민 때문에 나라 전체는 둘로 나뉘었어. 한편에서는 이들을 존중하고 보호하자고 외쳤지만, 또 다른 쪽에서는 이들이 이슬람권 난민이라 테러를 저지를 위험이 있다며 색안경을 끼고 보기도 했어. 난민은 계속 늘어나는데 이를 위한 우리 사회의 인식과 합의는 아직 부족한 상황이야.

난민이 '되는 것'도, 난민으로 '사는 것'도 힘들어

누구나 원한다고 난민의 지위를 받을 수 있는 건 아니야. 난민 신청을 하면 면접을 보고 심사를 거쳐야 해. 난민의 지위를 취득하면 원하는 만큼 우리나라에 머물 수 있고, 일자리를 얻고 교육도 받을 수 있어. 뿐만 아니라 대한민국 국민과 같은 수준의 사회보장까지 받을 수 있어.

우리나라에서 1994년부터 2022년까지 난민의 지위를 신청한 사람은 8만 4922명인데 이 중 난민 지위를 인정받은 사람은 1338명이야. 신청자 중 1.6%만이 난민으로 인정받은 거지. 튀르키예는 360만 명을, 콜롬비아는 180만 명의 난민을 받아들인 것에 비하면 얼마나 적은 숫자인지 알 수 있어. 심사 기간도 오래 걸려. 난민의 지위를 받기까지 평균 2년이 걸리기 때문에 머물 곳이 없는 난민은 공항에서 노숙을 하기도 해. 이렇게 심사가 까다로운 건 거짓 난민 신청을 막기 위해서야. 하지만 진짜 난민까지 문전박대한다는 비판도 받아.

어렵게 난민이 되어도 차별과 혐오에 시달려. 난민들 때문에 범죄가 늘 것이라는 오해가 대표적이야. 하지만 유럽에서는 아프리카의 난민이 가장 많이 들어온 해에 오히려 범죄율이 떨어졌어.

또 난민은 경제적인 빈곤을 겪기도 해. 우리나라에서 첫 번째로 난민으로 인정받은 사람은 2001년 에티오피아에서 종교의 자유를 찾아온 사람이었어. 하지만 그는 가난을 못 버티고 3년 만에 다른 나라로 떠났지.

난민과
더불어 사는 지혜

난민의 권리도 보호해요

세계인권선언은 모든 인간의 평등한 권리를 보장하고 있어. 여기에는 난민 신청을 할 권리도 포함돼. 유엔은 '난민의 지위에 관한 협약(난민 협약)'을 통해 난민의 권리를 보장하고 있어.

난민 협약에는 난민으로서 보호받아야 할 권리가 나와 있어. 보호받는 나라에서 생활할 권리, 신분증명서나 여행 증명서를 발급받을 수 있는 권리, 이동의 자유, 재산 이전의 자유 등이야. 특히 국가의 안전을 해치지 않는 한 난민을 추방하면 안 된다는 내용도 포함되어 있어.

현재는 이 협약에 126개국이 함께하고 있지. 우리나라는 1992년 난민 협약에 가입했고, 2012년 아시아 최초로 독자적인 난민법을 만들었어.

난민에게 손 내미는 따뜻한 이웃이 되어요

유엔한국재건단은 6·25전쟁으로 살 곳을 잃은 피난민을 돌보고, 전쟁으로 파괴된 시설을 복구하기 위해 1950년에 만들어진 단체야. 활동을 마친 뒤에는 유엔난민기구로 이름을 바꾸고 세계 난민 구호 활동을 펼치고 있어. 여러 분쟁 지역과 난민이 생긴 곳에 지역 사무소를 만들고, 살아가는 데 기본적으로 필요한 의식주를 제공하고, 난민으로 등록하는 일에 앞장서고 있지. 난민들이 살던 나라로 돌려보내지는 대신 피난 온 나라에 정착하고, 스스로 살아가도록 만드는 게 최종 목표야.

우리나라에도 난민의 따뜻한 이웃이 되어 주는 단체가 있어. '피난처'라는 단체는 북한이탈주민을 시작으로 쿠르드족과 미얀마, 아프가니스탄, 콩고, 에티오피아 등 다양한 나라에서 온 난민에게 법적 지원과 통역, 임시 숙소 제공, 의식주 등을 지원하고 있어.

난민과 이웃이 되는 법은 어렵지 않아. 난민 구호 단체를 후원할 수도 있지만, 주변에서 만나는 난민에게 먼저 인사를 건네는 것에서부터 시작하면 돼. 나와 동등한 권리가 있다는 걸 인정하고, 편견을 갖지 않는 것도 중요해.

교과서 속 다문화 키워드

지금도 세계 각지에서 **#분쟁**이 일어나고 있어요. 분쟁의 이유는 다양해요. 나라의 영토를 놓고 다투기도 하지만, 인종이나 언어, 종교와 같은 **#문화적인 차이** 때문에 생기기도 해요. 각자의 종교나 민족이 뛰어나다는 생각을 버리지 못하고 급기야는 서로에게 총과 칼을 겨누면서 전쟁이 일어나기도 해요. 팔레스타인 분쟁과 동티모르 내전 등이 대표적인 사례예요. 분쟁이 생기면 안전한 곳을 찾아 나라를 떠나는 **#난민**이 생길 수밖에 없어요.

이런 문화의 차이에서 오는 분쟁을 해결하려면 서로 다른 민족의 차이를 인정하고, 서로를 포용해야 해요.

제 5 장

조선을 사랑한 일본의 장수, 김충선

나도 한국을 사랑하는 한국인이야!

새 짝꿍 루나의 비밀

"새 학년이 되었으니 새로운 친구를 알아가는 시간을 가져 볼까요. 먼저 제비뽑기로 짝을 정하고, 짝꿍과 대화를 나눠 보도록 해요."

다정이는 설레는 마음으로 제비를 뽑았어요. 다정이가 뽑은 종이에는 '2분단 셋째 줄'이라고 적혀 있었어요. 다정이는 주섬주섬 짐을 챙겨서 바뀐 자리로 향했어요.

"뉴영스 다이어리다! 너도 뉴영스 팬이야? 그런데 다이어리는 어디서 구했어? 올라오자마자 품절돼서 살 수도 없다는데 말이야."

다정이는 책상 위에 놓인 다이어리를 보고는 "꺅." 하고 소리를 질렀어요. 뉴영스는 다정이가 가장 좋아하는 아이돌 그룹이었어요. 다이어리의 주인이자, 다정이의 새로운 짝인 단발머리 여자아이의 얼굴이 발그레해졌어요.

"응, 이건 산 게 아니라 아빠가 만들어 주신 거야. 아빠가 디자이너거든.

"정말? 너희 아빠 엄청 멋지다. 아, 나는 다정이야. 김다정. 우리 잘 통할 것 같다!"

흥분을 가라앉힌 다정이가 먼저 인사를 했어요.

"내 이름은 하루나야. 겨울 방학에 전학 왔어."

"어쩐지 처음 본다고 생각했어. 그럼 성이 하고, 이름이 루나야? 이름 예쁘다."

"어? 으응."

얼굴이 붉어진 루나가 말끝을 흐렸어요.

다정이와 루나는 대화를 나누며 서로에 대해 알아 갔어요. 둘은 뉴영스 하린이 언니 팬인 것부터 수학을 싫어하고, 매운 떡볶이를 좋아하는 것까지 닮았어요. 다정이는 루나와 스마트폰 번호를 교환하고, 별스타그램 친구도 맺었어요.

하루가 훌쩍 지나 벌써 하교 시간이 되었어요. 루나와 함께하니 시간이 어떻게 흘러갔는지 몰랐어요.

다정이는 엄마와 약속 때문에 서둘러 교실을 나왔어요. 루나가 급하게 다정이를 쫓아 나왔어요.

"다정아, 짝꿍이 된 기념으로 이거 선물하고 싶은데……."

스노우볼이 달린 볼펜은 한눈에 봐도 예뻤어요. 다정이는 저도 모르게 손을 내밀어 볼펜을 받았어요. 스노우볼 가운데에는 일본 전통의상인 기모노를 입은 여자 인형이 우산을 들고 서 있고, 주변으로 흰 눈이 흩날리고 있었어요.

좀 전과 다르게 다정이 눈빛이 흔들렸어요.

"우와, 너무 예쁘다. 그런데 이거 혹시 일본에서 만든 볼펜이야? 우리 할머니가 이거 보시면 놀라시겠다. 우리 할머니 역사의식이 남다르셔

서 일본 제품 불매운동 중이시거든. 우리나라를 침략하고 사과도 안 하는 일본한테 우리 목소리를 전해야 한다나? 뭐 난 잘 모르겠지만, 그래도 어느 정도 맞는 말인 거 같기도 하고…….”

다정이의 말을 듣던 루나의 표정이 갑자기 흙빛이 되었어요.

"나 사실 일본 사람이야. 이민 온 건데……. 그런데 일본 사람 모두가 나쁜 건 아니야.”

그렇게 말하고는 루나가 휙 돌아 뛰어갔어요. 다정이는 볼펜을 손에 쥔 채 루나가 사라진 곳을 멍하니 바라봤어요.

한복이 좋아 이민 온 사토미 아주머니

다정이는 시무룩한 표정으로 교문을 빠져나왔어요. 다정이를 기다리던 엄마는 갈 곳이 있다면서 다정이를 급하게 차에 태웠어요. 그러고는 내비게이션에 목적지를 '한복 명가'라고 입력했어요. 다정이는 왜 한복집에 가는 건지 물었어요.

"할머니가 팔순에 온 가족이 한복을 입자고 부탁하셨어. 한복집까지 직접 추천해 주셨지, 뭐니. 한복 장인이 운영하는 곳이라니 무지 설레지 않니?”

"저까지 한복을 입어야 한다고요? 분명히 핑크색 원피스 사 주신다고 했잖아요!"

엄마가 타일렀지만 다정이는 마음이 내키지 않았어요. 좀 전에 하루나와의 일 때문인지 기분이 영 별로였거든요.

"어서 오세요. 오늘은 선생님이 아프셔서 제가 안내해 드리겠습니다."

한복집에 도착하니 한복을 곱게 차려입은 아주머니 한 분이 문을 열어 주셨어요. 한복 장인의 제자라고 자기를 소개한 아주머니는 상냥했지만, 말투가 낯설었어요. 사투리는 아닌데, 묘하게 억양이 달랐어요.

아주머니는 먼저 한복을 언제 입을 건지 물었어요. 그러고는 다양한 종류의 한복을 보여 주면서 어떤 게 마음에 드는지도 물었어요. 다음에는 옷감 여러 필을 꺼내서 얼굴에 어울리는 색은 무엇인지를 꼼꼼히 설명해 주었어요. 아주머니 추천대로 엄마는 노란 저고리에 분홍 치마를, 다정이는 옥색 저고리에 다홍색 치마를 맞추기로 했어요.

"한복보다 뉴영스 언니들이 입고 나온 원피스가 훨씬 예쁜데……."

다정이가 혼잣말을 중얼거렸어요. 그러자 아주머니의 동그란 눈이 더 동그래졌어요.

"한복만큼 아름다운 옷은 없습니다. 치마의 곡선을 보세요. 은은하게 퍼져나가는 물결을 닮지 않았나요? 그리고 자연을 닮은 색까지 더해져 한복은 그 자체로 예술입니다. 나는 일본 사람이지만, 한복 사랑합니다."

"어머나, 저랑 생각이 같으시네요. 그런데 일본 분이 어떻게 한복을 만들게 되셨어요?"

"한복을 만들고 싶어서 15년 전에 이민 왔어요. 지금 선생님을 만나서 한복을 배우고 있어요. 그런데 정작 한국 사람들은 한복을 입지도, 만들려고 하지도 않아요. 저는 한복이 사라지지 않도록 계속 배우고 만들 겁니다. 한국에서 태어난 내 딸도 한복 좋아해요."

한국 국적을 얻었다는 아주머니는 자기를 사토미라고 소개했어요. 엄마는 사토미 아주머니와 한참 동안 이야기를 주고받았어요.

옆에서 듣던 다정이는 조금 전에 하루나와 있었던 일이 떠올랐어요.

"저는 일본 사람은 우리나라를 침략한 나쁜 사람들이라고만 생각했는데 아주머니 같은 분도 계시네요."

"나만 그런 건 아니에요. 옛날부터 한국을 사랑하는 일본 사람 많아요. 임진왜란 알아요? 일본에서 태어난 일본 사람이면서 조선을 위해 싸운 김충선 장군이란 사람이 있었어요."

"정말요?"

다정이는 고개를 갸웃거렸어요. 하루나가 말한 '일본 사람 모두'가 아닌 특별한 사람이 정말 있었던 거였어요. 사토미 아줌마는 책 한 권을 가져와 다정이에게 보여 주었어요. 표지에는 '조선을 사랑한 일본의 장수, 김충선'이란 제목이 큼지막하게 적혀 있었어요.

한국을 사랑한 특별한 이민자들이 있어요

다정이는 그 책을 단숨에 읽어 내려갔어요. 이야기는 김충선의 어린 시절부터 시작됐어요. 김충선의 원래 이름은 '사야가'로, 무사 집안에 태어나 자연스레 장군이 되었어요. 하지만 사야가의 마음속에는 학자가 되는 꿈이 자라고 있었어요. 조선의 유명한 학자들의 책을 읽으며 남몰래 꿈을 키워 오다가 임진왜란이 터지고 말았어요.

다정이는 어느새 책에 푹 빠져들었어요. 책 마지막 부분에는 병자호란 때 김충선이 의병을 모아 청나라 군사를 물리치는 장면이 박진감 넘치게 펼쳐졌어요. 다정이의 손에서 진짜 땀이 나는 것만 같았어요.

책을 다 읽은 다정이는 표지를 가만히 들여다봤어요. 그때 아래쪽에 쓰인 작은 글씨가 눈에 들어왔어요. 삐뚤빼뚤했지만 분명히 '하루나'라고 적혀 있었어요.

"설마 내 짝꿍 하루나? 혹시 이 하루나가 빛나라초등학교 5학년 하루나 맞아요?"

"어떻게 알아요? 우리 딸 하루나를?"

그제야 다정이는 엄마와 아주머니 앞에서 하루나와 있었던 일을 털어놓았어요.

"일본 사람은 모두 나쁘다고만 생각했는데 아니었어요. 김충선 장군이나 아주머니처럼 한국 사람보다 더 우리나라를 사랑한 사람도 있다는 걸 알았어요."

"다정이는 앞으로 정말 다양한 사람을 만날 거야. 하루나의 부모님처럼 이민 온 사람도 있고, 또 일하러 온 외국인이나 유학생도 있을 거야. 그들 모두 같이 살아가는 우리의 이웃이 잖아. 엄마는 우리 다정이가 사람에 대한 편견 없이 친구를 사귀었으면 좋겠어."

엄마는 다정한 눈빛으로 다정이를 바라봤어요. 사토미 아주머니는 다정이의 손을 덥석 잡고는 부탁하셨어요.

"그렇게 생각해 줘서 고마워요. 처음 한국에 왔을 때 일본인을 안 좋게 보는 시선 때문에 힘들었어요. 하지만 다정이는 우리 하루나와 좋은 친구가 되어 주세요."

아주머니의 말이 끝나기가 무섭게 한복집 문이 빼꼼 열렸어요. 교실을 뛰쳐나갔던 하루나가 들어오고 있었어요.

"엄마, 나 왔어요!"

하루나는 다정이를 보고 어안이 벙벙했어요. 다정이는 반가운 마음에 하루나에게 달려갔어요.

"하루나! 여기가 한복을 예쁘게 만드는 곳이라고 해서 왔어. 그런데 사토미 아주머니, 그러니까 너희 엄마를 만났지 뭐야. 우리 둘은 정말 단짝이 될 운명인가 봐."

다정이의 말을 들은 하루나의 표정이 조금씩 누그러지고 있었어요. 다정이는 하루나의 손을 이끌고 자신의 한복에 어울릴 만한 장신구를 골라 달라고 했어요. 하루나는 신이 나서 조잘거렸어요.

"어디 보자, 옥색 저고리에 다홍 치마에는 이런 호박 노리개가 딱이야."

"정말이네? 하루나야, 나중엔 네가 만든 한복도 입어보고 싶어. 만들어 줄 거지?"

"당연하지. 그럼 내가 제일 처음 만든 한복 모델은 다정이 네가 해 줘."

다정이와 하루나는 서로를 보며 활짝 웃었어요. 다정이는 하루나와 둘도 없는 친구가 될 것 같은 예감에 가슴이 설렜어요.

살던 나라를 떠나
다른 나라에 정착하는 '이민'

일본인이지만 조선의 문화를 사랑했어요

임진왜란은 1592년 일본이 조선으로 쳐들어온 전쟁이야. 일본의 군사 중에는 사야가란 인물이 있었어. 사야가는 평소에 예의를 중요시하는 조선의 문화를 존경하고 있었지만, 어쩔 수 없이 전쟁에 참여하게 되었지. 조선과 싸울 마음이 전혀 없었던 사야가는 결국 조선군에 몰래 편지를 보냈어.

"나는 비겁하지도 못나지도 않았고, 내 군대는 약하지 않습니다. 하지만 문화가 발달하고, 학문과 도덕을 중시하는 군자의 나라 조선을 짓밟을 수 없어 귀화하고 싶습니다."

그렇게 사야가는 부하들과 함께 조선에 귀화했어. 그 뒤로는 조선의 의병들과 함께 일본에 맞서 싸웠지. 조총을 다루는 실력이 뛰어났던 사야가는 이 기술을 이순신을 비롯한 조선군에게 전수해 주었어.

　사가야는 또 일본군이 점령했던 18개의 성을 되찾는 데도 큰 공을 세웠어. 선조 임금은 충성스러운 사야가에게 벼슬을 내리고, 김충선이란 이름까지 지어 주었지. 임금이 직접 일본인 사가야를 조선의 백성이라고 인정해 준 셈이야. 오늘날로 따지면 사가야는 이민을 와서 대한민국 국적을 얻은 거지.

　김충선은 임진왜란이 끝나고서는 결혼을 한 뒤에 학문을 닦으며 선비로서의 삶을 살았어. 하지만 병자호란이 터지자 일흔 살이 가까운 나이에도 의병을 모아 나라를 지키는 데 앞장섰어. 대구의 녹동서원을 찾으면 김충선의 이야기를 만나볼 수 있어.

경제 활동·결혼·난민 등 여러 이유로 이민을 가요

　김충선처럼 다른 나라에 정착할 목적으로 한 나라를 떠나는 경우를 이민이라고 해. 유엔에서는 3개월 이상 삶의 근거지를 다른 나라로 옮길 때를 이민이라고 정의하고 있어. 유엔 기준에 따르면 업무로 일정 기간 동안 다른 나라에서 사는 것도 이민이라고 할 수 있어.

　비슷한 말로 이주가 있어. 이주는 한 나라 안에서 거주지를 옮기는 경우도 포함해. 난민 역시 다른 나라로 거주지를 옮긴다는 면에서는 이민과 의미가 같지만 중요한 차이가 있어. 이민은 개인의 자유에 따라 이동하지만, 난민은 그렇지 않아. 전쟁이나 굶주림, 핍박 등을 피해서 어쩔 수 없이 나라를 떠날 수밖에 없는 사람들이야.

　과거와 달리 오늘날은 나라와 나라 사이에 이동이 자유로워진 만큼 이민도 늘고 있어. 대한민국은 경제 활동을 위한 이민, 결혼에 의한 이민, 해외에 머물던 동포의 이민, 난민 신청 등에 의한 이민 등을 허가하고 있어.

🟡 지식플러스

국적, 영주권, 귀화는 어떻게 다를까?

이민을 가려면 그 나라의 허가가 필요해요. 허가 제도에는 여러 가지가 있는데 영주권이 대표적이에요. 영주권은 말 그대로 영구적으로 거주할 권리예요. 외국인이 특정 국가에 제한 없이 살면서, 직장을 구할 수 있는 권리를 말해요. 영주권 제도가 있는 나라는 세계에 약 100여 개 국이며, 우리나라는 2002년부터 영주권 제도를 도입했어요. 하지만 영주권이 있다고 해서 그 나라의 국민이 되는 것은 아니에요. 영주권이 있다 하더라도 대통령이나 국회의원 선거에 참여하지는 못해요. 만약 한 나라의 완전한 구성원이 되어 권리와 의무를 행사하려면 그 나라의 국적을 얻어야 해요. 외국인이 대한민국 국적을 얻어 우리 국민이 되면 '귀화했다'라고 표현해요. 나라마다 귀화를 인정하는 조건이 조금씩 다르지만, 세계인권선언에도 국적을 바꾸거나 새 국적을 얻는 것에 대한 권리를 보장하고 있어요.

이민자에게
거리를 두는 '한국 사회'

> '한민족'의 벽이 너무 높아요

한국에 이민 온 사람들이 느끼는 첫 번째 어려움은 '한민족'의 테두리야. 우리나라는 예부터 한민족이란 자긍심을 가지고 있어. 한민족이란 테두리를 치고, 이민자를 '이방인'으로 여기지.

우리나라, 우리 가족처럼 '우리'란 의식이 너무 강해서 '우리'에 속하지 않는 사람에 대해서 차별하기도 해. 이민자들은 한국에 살기는 하지만, 한국 사회에 완벽하게 속하지 못한 채 외로움을 느낄 수밖에 없어.

사전에서는 한민족을 '한국어를 사용하고 한반도를 중심으로 동일한 문화를 형성하고 있는 민족'이라고 설명해. 여기서 중요한 건 고유한 언어나 문화를 가지고 있지만, 하나의 혈통으로 이뤄진 것은 아니란 점이야. 말갈족과 여진족, 돌궐족 등을 포용해 국가를 이뤘던 고구려만 살펴보더라도 우리는 이민자와 더불어 살았던 걸 알 수 있어. 고려 역시 귀화인들을 위해 관직을 주고, 먹고 살 수 있는 터전을 마련해 주는 등 외국인에게 관대한 정책을 펼쳤어. 조선의 세종대왕과 선조 임금도 마찬가지였지.

 이처럼 우리 민족은 예부터 이민족에 대해 관대했을 뿐만 아니라 적극적으로 수용하는 모습을 보였어. 우리 민족이 세운 나라들은 대대로 다문화 사회를 지향했던 셈이야. 후손인 우리도 이민자를 더불어 살아야 할 민족, 이웃으로 바라봐야 할 때야.

이민했다고 정체성까지 버려야 하나요?

애니메이션 <엘리멘탈>을 만든 피터 손 감독은 어릴 적 부모님을 따라 미국으로 이민을 갔어. <엘리멘탈>은 이민을 가서 겪은 자신의 경험담을 담아낸 이야기야. <엘리멘탈>의 주인공 '앰버'는 파이어랜드에서 엘리멘트 시티로 이민을 온 불의 가정에서 태어난 이민 2세야. 엘리멘트 시티는 불과 물, 공기, 흙 네 개의 원소들이 어울려 사는 도시로 그려지고 있지. 피터 손 감독은 애니메이션을 통해 서로 다른 정체성을 가진 앰버(불)와 웨이드(물)가 함께 어울려 살 수 있다는 것을 보여 주고 있어.

이 이야기는 우리에게도 그대로 적용해 볼 수 있어. 이민자들은 나고 자란 경험을 통해 얻은 자신만의 정체성이 있어. 그런데 한국에 살아야 한다는 이유만으로 '한국 사람'처럼 생각하고 '한국 사람'처럼 살아야 한다고 강요하면 안 돼. 엘리멘트 시티처럼 다양한 정체성을 가진 사람도 어울려 사는 열린 사회가 되어야 해.

이민자도
우리 사회의 한 구성원!

> 이민자가 한국에 적응하도록 알려 줘요

우리나라의 이민정책연구원은 이민자를 위한 적응프로그램을 운영 중이야. 대한민국에 오래 머물러야 하는 외국인에게 입국 초기에 꼭 필요한 기본적인 정보를 제공할 목적으로 만들어졌어.

교육 내용을 살펴보면 실생활에 꼭 알아야 하는 대한민국의 기초 법이나 질서, 교통과 의료 정보, 긴급 상황 대처 방법 등은 물론이고, 쓰레기 분리수거 방법까지도 알려 줘.

외국인 유학생이라면 학업을 마치고 한국 사회에 성공적으로 취업한 선배를 직접 만날 수도 있고, 기숙사 생활에 대한 정보를 얻을 수 있어. 이외에도 외국인 밀집 지역에서 거주하는 외국인, 예술가 자격으로 머무는 외국인을 대상으로 한 교육 프로그램도 있어.

다른 나라의 다문화 교육에서 배워요

유럽연합은 유럽 대륙에 있는 28개 나라로 이뤄진 공동체야. 많은 국가와 민족으로 구성되다 보니 회원국 사이의 원활한 대화가 필요했어. 그래서 서로 이해하고 존중하는 '상호 문화 교육'을 시작했지. 지금껏 가장 잘 실천하고 있는 나라는 독일이야. 상호 문화 교육은 이민 온 학생들이 가진 다양성을 존중하면서 자연스레 독일 사회에 어우러지게 하는 교육 방식이야. 이주한 학생뿐만 아니라 독일의 모든 학생이 서로의 문화를 이해할 수 있도록 함께 교육을 받는 데 더 큰 의미가 있어.

'이민자의 나라'로 불리는 미국은 '반편견 교육'에 중점을 두고 있어. 모든 학생이 인종이나 성별, 문화에 따라 차별당하지 않도록 하는 거지. 이민 온 학생에게도 동등한 자격을 주고, 미국 사회의 건강한 시민으로 성장하게 돕고 있어.

미국이나 유럽의 나라들에서 배워야 할 점은 사회에 널리 퍼져 있는 여러 문화에 이주민의 문화를 흡수하지 않고, 그대로 인정해 주는 거야.

인구 감소를 막는 열쇠, 이민

인구학자들은 지구상에서 가장 먼저 없어지게 될 나라로 우리나라를 꼽았어. 낮은 출산율과 급격한 고령화로 인구가 빠르게 줄고 있기 때문이야. 그 해결책으로 등장한 게 외국인을 적극적으로 받아들이는 이민이야. 인구가 줄어 사라질 위기에 처한 지방자치단체들이 먼저 '이민자를 위한 정책'을 내놓으며 노력하고 있어.

이민자의 정착을 도와 인구가 늘어난 대표적인 사례로는 광주광역시의 고려인마을을 꼽을 수 있어. 광주에서는 고려인마을을 만들어 러시아나 독립국가연합(CIS) 지역 출신 한인 동포들이 모여 살 수 있도록 한 거야. 마을이 생기면서 근처의 네 개 초·중학교 학생은 늘었고, 고려인마을을 찾는 관광객이 늘어나 400여 개의 일자리도 생겼대.

광주광역시의 성공 사례를 모델로 다른 지자체에서도 이민 정책을 내놓기 시작했어. 경상북도는 전국의 지방자치단체 중 처음으로 '외국인공동체과'를 만들어 지역에 딱 맞는 도움을 주기로 했어. 외국인에게 한국어와 한국 문화를 가르치는 '경북형 세종학당'과 비자 발급을 도와주는 센터까지 준비 중이야. 경기도는 외국인 주민 20명을 안전문화 명예대사로 위촉했어. 이들은 계절과 시기에 따른 재난·안전 정보를 각각의 언어로 번역해 소셜미디어를 통해 정보를 소통하는 역할을 해. 이외에도 경기도 위원회 위원, 정부 주관 행사 참여 등 다양한 행정 분야에서 외국인 주민을 대변하는 역할을 수행하고 있어.

교과서 속 다문화 키워드

오늘날은 **#세계화** 시대예요. 세계 여러 나라가 점점 가까워지고 과거보다 교류가 많아지면서 서로에게 더 많은 영향을 주고받는 것을 말해요. 세계화는 교통과 통신 그리고 과학기술이 발달하면서 점점 더 빨라지고 있어요. 마치 지구가 하나의 마을 같다고 해서 **#지구촌**이란 말도 사용해요. 세계화가 되면 국가 간의 경제 활동이나 문화 교류도 활발해졌어요. 다양한 문화를 접할 수 있게 되는 장점도 있지만, 나라 사이의 **#빈부 격차**가 더 심해지거나 전통문화를 외면하는 문제가 생기기도 해요.

제 6 장

한국 문화를 세상에 전한 유학생

한국 땅, 독도를 알리는 페르난다 누나

템플 스테이를 찾은 외국인

"해도 해도 너무해. 새벽 5시에 일어나서 절하고, 마당 청소하고. 심지어 고기 한 점 없는 밥상이라니! 내가 원했던 템플 스테이는 이런 게 아닌데……."

싸리비로 마당을 쓸던 다온이가 하소연했어요. 옆에 있던 아빠는 피식 웃었어요.

"다온이 덕분에 아빠는 모처럼 2박 3일 회사도 안 가고 공기 좋은 데서 푹 쉬니 너무 좋은걸. 아들과 추억도 쌓고 말이야."

다온이는 제 발등을 제가 찍은 것만 같았어요. 사실 템플 스테이를 가자고 아빠를 조른 건 다온이었거든요. 궁금증이 너무 많은 다온이는 얼마 전 좋아하는 아이돌 그룹이 템플 스테이를 다녀왔다는 소식을 듣자마자 템플 스테이에 대해서 조사해 봤어요. 그리고 직접 체험해 보고 싶어서 아빠에게 부탁을 한 거였어요.

하지만 막상 절에 와 보니 지루할 뿐이었어요. 내일이면 돌아가는데 그것마저도 길게 느껴졌어요.

그때 커다란 버스 한 대가 산길을 따라 올라왔어요. 잠시 후 '한국 명예홍보대사 외국인 유학생단'이란 안내판을 붙인 버스에서 한 무리의 외국인들이 우르르 내렸어요. 복장이나 외모로 보아 외국인들은 세계 여러 나라에서 온 게 분명했어요.

평소 적극적이던 다온이는 온데간데없었어요. '영어 울렁증' 때문에 멀찍이 지켜볼 뿐이었어요. 사실 다온이는 외국인에게 어떻게 다가가야 할지 그 방법을 잘 몰랐어요.

"요즘 외국인 유학생이 많이 공부하러 온다던데 저런 문화 교류 프로그램도 있구나. 우리 문화를 깊게 알려 주는 좋은 기회인 것 같네."

아빠가 말했어요. 다온이는 뭔가 재밌는 일이 생길 것만 같아 설렜어요.

"오후에는 조금 북적일 듯합니다. 인근 대학교에서 학생들이 방문했거든요. 아, 30분 뒤에 큰 스님과 차담이 있는데 참여하시려면 휴월당으로 오시면 됩니다."

한 스님이 오셔서 다온이와 아빠에게 다음 순서를 알려 주시고 가셨어요.

한국을 알리는 문화 사절, 외국인 유학생

시간에 맞춰 다온이는 아빠와 함께 휴월당으로 갔어요. 그곳에는 벌써 절복으로 갈아입은 외국인 유학생 형, 누나들이 앉아 있었어요. 다온이와 아빠도 빈자리를 찾아 앉았어요.

다온이 옆에는 곱슬곱슬 탐스러운 머리칼을 늘어트린 누나가 있었어요. 누나는 다온이를 보며 상냥하게 웃었어요.

"올라! 반가워. 나는 멕시코에서 온 페르난다야."

"저, 저는 김다온이에요. 초등학교 4학년이에요."

그 누나의 이름표에는 '한빛대학교 한국어학과 페르난다'라고 적혀 있었어요.

"한국어학과? 멕시코에서 한국은 엄청 먼데 여기까지 와서 한국어를 배워요?"

궁금증을 참을 수 없었던 다온이는 처음 만난 누나에게 대뜸 물었어요.

"한글처럼 매력적인 글자는 없을 거야. 만들어진 원리도 과학적인데, 고작 스물네 개의 자음과 모음을 조합해서 만들 수 있는 소리가 10만 개가 넘는다니 어마어마하지 않니? 그런 한글을 만든 나라에 와 보는 건 내 꿈이었어."

누나의 한국말은 막힘이 없었어요. 누나의 말만 들으면 한국 사람인 줄 알았을 거예요.

"그렇구나. 누나는 한국인인 저보다 더 한글에 대해 잘 아네요. 홍보 대사 같아요."

다온이는 한국말을 잘하는 누나와 이야기를 나누니 말이 술술 나왔어요. 영어에 대한 부담감이 없으니 외국인에 대한 어색함도 금세 사라졌어요.

"흠흠. 자 이제 차를 내어 드리겠습니다."

휴월당에 큰 스님 목소리가 울려 퍼졌어요. 곧 다온이 앞에 찻상이 놓였지요. 인자한 인상의 큰 스님은 올봄에 딴 찻잎으로 만든 거라고 말씀하셨어요. 다온이는 차를 호로록 마셨어요. 코끝에서 봄 냄새가 나는 것도 같았어요.

"이번 차담은 특별한 손님이 절을 찾아 주어 더욱 특별한 시간이 될 것 같군요. 다들 어떤 계기로 우리나라에 온 것인지 궁금한데 이야기해 줄 수 있나요?"

페르난다 누나가 손을 들었어요. 큰 스님은 누나를 향해 고개를 끄덕였어요.

"저는 멕시코에서 온 페르난다입니다. 케이팝을 들으면서 한국어를 처음 알게 되었는데 너무 재밌더라고요. 그 뒤로 자연스럽게 한국이 궁금해져서 유학까지 왔어요. 직접 경험해 보니 한국에는 멕시코에 없는 좋은 문화가 많아요. 돌아가서도 한글이나 한국의 예절을 전해 주고 싶어요."

페르난다 누나에 이어 베트남에서 온 후이 형이 손을 들었어요.

"저는 베트남에서 우수한 한국의 전기차 기술을 배우려고 왔어요. 이

제는 친절한 한국 친구와 정이 많이 들었어요. 공부를 마치고도 계속 한국 회사에서 일하면서 배우고 싶어요. 하지만 외국인 유학생에게는 그런 기회가 별로 없어서 아쉬워요."

유학생 형, 누나들의 사연은 달랐지만, 한국을 좋아하는 마음은 똑같았어요.

"다들 열정을 가지고 우리나라를 찾아 줘서 고맙습니다. 불교의 역사에서 보면 과거 1500년 전에도 외국인 유학생이 불교를 배우기 위해 우리나라를 찾았다는 기록이 있답니다. 이유는 다르지만, 공부하러 먼 타지에 온 만큼 목표를 꼭 이루시길 바랍니다."

다온이의 입이 또 궁금증으로 간질간질해졌어요.

"스님, 궁금한 게 있어요. 옛날에도 우리나라로 공부하러 온 외국인이 있었어요?"

"탐구 정신이 강한 어린이로군요. 백제가 앞선 불교문화를 꽃피우던 나라였던 건 알고 있나요? 그런 백제의 불교를 배우고 싶어서 일본의 비구니 스님 세 명이 유학을 왔었다고 해요. 3년 동안이나 백제에 머물며 계율을 배우고 돌아가서 일본 불교의 틀을 닦았답니다. 용감하게 배움을 위해 먼 길을 마다하지 않은 사람들 덕에 일본의 불교문화가 발전할 수 있었고, 또 덕분에 우리 문화도 다른 나라에 전해지는 계기가 되었던 거죠. 지금이나 과거나 다양한 문화가 서로 발전할 수 있었던 데는 이런 유학생의 역할이 컸다고 할 수 있어요."

큰 스님의 말에 다온이의 고개가 절로 끄덕여졌어요. 옆에 있던 아빠는 무릎을 치면서 "역시 큰 스님."이라고 말했어요.

"유학생 여러분에게 부탁하고 싶은 말은, 한국의 명예 홍보대사가 된 만큼 한국의 문화를 돌아가서도 많이 전해 주길 바란다는 거예요."

스님의 마지막 당부에 휴월당에 모인 형, 누나들이 법당이 떠나갈 정도의 큰 목소리로 "네."라고 대답했어요.

'독도는 한국 땅'이라 외치는 페르난다 누나

"다온아, 템플 스테이 직접 경험해 보니 어땠어?"

집으로 돌아가는 길, 아빠가 운전을 하면서 물으셨어요. 다온이는 곰곰이 시간을 돌이켜 보았어요. 처음엔 지루해서 집에 갈 시간만 손꼽아 기다렸는데 페르난다 누나를 만나고서는 템플 스테이가 특별하게 바뀌었어요.

"정말 좋았어요. 친구 하기로 한 페르난다 누나 덕분에 종도 쳐보고, 돌탑도 돌면서 절에서 지내는 재미를 알게 되었던 것 같아요."

말을 마친 다온이는 페르난다 누나가 가르쳐 준 유튜브가 떠올랐어요. 유튜브에 '멕시코 유학생의 한국살이'를 검색하니 정말 누나의 채널이 나왔어요. 알록달록한 멕시코 국기와 우리나라 국기가 대문짝만 하게 걸린 디자인이 눈에 쏙 들어왔어요.

다온이는 가장 인기 많은 동영상을 하나 클릭했어요. 제목은 '독도가 한국 땅인 열 가지 이유'였어요.

"오늘은 많은 외국인이 잘못 아는 사실을 제대로 알려 드릴게요. 독도는 한국과 일본 사이에 있는 작은 섬이에요. 그런데 일본에서는 이 섬을 '다케시마'라고 부르며 일본 섬이라고 주장하고 있어요. 하지만 이것은 명백한 역사 왜곡이에요. 그 이유를 설명해 드릴게요. 첫 번째는 명확하게 역사적 기록으로 남아 있기 때문이에요. 『세종실록지리지』와 『신증동국여지승람』, 『동국문헌비고』 등 수도 없는 역사서에 한국이 독도를 통치하고 있다는 사실이 나와요. 그리고······."

조목조목 설명하는 누나의 말은 귀에 쏙쏙 들어왔어요. 댓글에는 우리나라 사람 말고도 많은 외국인이 와서 '처음 알게 된 사실인데 중요한 문제다.', '제대로 알려 줘서 고맙다.'는 반응이 많았어요. 다온이도 가만히 있을 수가 없었어요.

궁그미 다온 : 템플 스테이에서 만난 다온이에요. 누나 진짜 한국 홍보대사 맞네요! 우리나라를 올바르게 알려 주는 누나를 응원할게요. 파이팅!

댓글을 단 다온이는 마음속으로 다짐했어요. 이제 외국인이라면 무조건 멀찍이 바라볼 게 아니라 먼저 다가가야겠다고요. 우리나라를 찾아온 사람인데, 더 친절하게 대해야겠다고 생각했거든요.

우리나라에
공부하러 온 사람들

불교문화를 전파하는 데 큰 역할을 했어요

여러 분야에서 앞선 문화를 꽃피우고 있던 백제는 일본에 논어나 천자문, 천문, 역법과 같은 많은 기술과 학문을 전했어. 특히 백제는 일본에 처음으로 불교를 전파한 나라이기도 하지. 백제가 얼마나 노력을 했냐면 일본에 불교를 전하려고 554년에는 담혜 스님을 비롯한 아홉 명의 스님을 보냈고, 577년에는 그림을 그리는 화공과 건축장인 등 수십 명을 보내서 사찰을 짓는 데도 도움을 줬을 정도야.

매번 백제에서 일본에 전문가를 보냈지만, 587년에는 일본의 비구니 스님(여자 스님) 세 명이 백제의 불교 율법을 배우고자 스스로 배에 올랐어.

이 사람들은 일본인 중에서도 처음으로 스님이 된 여성들이었어. '백 번 묻는 것보다 한 번 보는 게 낫다.'는 옛말처럼 이들은 백제의 앞선 불교를 직접 체험하고 배우고 싶은 마음이 컸어. 지금으로 따지면 불교 유학생이었던 셈이야. 유학생 비구니 스님들은 3년 동안이나 백제에 머무르면서 공부했어. 그러고는 일본으로 돌아가 일본 불교의 기틀을 닦는 데 큰 역할을 했다고 전해지고 있어.

역사를 살펴보면 문화가 다른 나라에 전파되는 것은 모두 사람들의 왕래가 있었기 때문에 가능했어. 백제에 건너왔던 비구니 스님들처럼 말이야. 오늘날에는 한국어를 공부하려고, 혹은 앞선 기술을 배우기 위해 세계 각국의 유학생이 우리나라를 찾고 있어. 지금은 이들이 한국 문화를 알리는 홍보대사 역할을 톡톡히 하고 있지.

➕ 지식플러스

역사 속 외국으로 유학을 떠난 한국인 유학생들

신라 시대 일찌감치 당나라로 유학을 떠났다가 과거에 합격한 뒤 문장가로서 이름을 날렸던 사람이 있어요. 바로 최치원이에요. 최치원은 열두 살이란 어린 나이에 당으로 건너갔어요. 당나라에는 외국인을 대상으로 열리는 과거 시험, 빈공과가 있었어요. 최치원은 열여덟 살 빈공과에서 장원을 했어요. 당에서 다시 신라로 돌아온 최치원은 진성여왕에게 신라 개혁을 위한 '시무책 10조'를 써서 올리기도 했어요. 최치원과 마찬가지로 당나라에 유학했던 최언위는 공부를 마치고, 고려로 건너가 왕건의 신하가 되었어요. 최승우는 당나라에서 공부한 후 후백제에서 일했어요. 이렇게 우리 역사 속에도 다른 나라에 건너가 앞선 문화와 기술을 배우고 돌아와 우리나라의 발전을 위해 힘썼던 유학생들이 있었어요.

한국은 유학 가고 싶은 나라예요

　출산율 감소로 우리나라는 학교마다 학생 수가 줄고 있다지만, 반대로 우리나라를 찾는 외국인 유학생은 점점 늘고 있어. 외국인 유학생은 2003년도에는 약 1만 2300명, 2013년에는 8만 5000명 이상으로 늘어났고, 2023년에는 처음으로 20만 명을 넘어섰어. 유학생들은 주로 베트남, 중국, 몽골, 네팔, 일본, 인도와 같은 아시아 국가에서 온 학생이 많아. 이들은 한국어를 배우거나, 대학 공부를 하려고 와.

　유학생들이 다른 나라 대신 한국을 선택하는 이유는 미국이나 일본보다 비용이 적게 들기 때문이야. 더불어 케이팝이나 한국 드라마 등 한국 문화에 반해서 오는 사례도 많아.

　유학생은 대부분 대학생이야. 하지만 2023년에는 열한 살의 당위택 어린이가 남해초등학교로 전학을 왔어. 당위택은 중국에서도 축구 유망주로 손꼽혔어. 축구 유학을 알아보던 중 손흥민이나 이강인 선수처럼 실력 있는 축구선수를 배출한 한국으로 온 거야. 이제 우리 또래의 유학생 친구를 사귀는 게 자연스러운 일이 될지도 몰라.

드라마 속 한국과 너무 다른 '진짜' 한국

한국어 수업과 학비 때문에 유학을 포기해요

유학생들은 막상 한국에 유학은 왔지만 한국에서의 생활에 여러 어려움을 겪고 있어. 서울대에서 외국인 유학생에게 한국에서 겪는 어려움이 무엇인지를 묻는 설문 조사를 했어. 유학생 절반이 한국어가 너무 어려워서 수업을 이해하지 못하는 것을 가장 큰 어려움으로 꼽았어. 같은 이유로 유학생은 선생님과 의사소통하는 것도 어려울 수밖에 없어. 심지어 다른 한국 학생들은 외국인 유학생과 같은 조가 되는 것을 피하기까지 해.

유학생은 반드시 한국어 능력을 평가받는 시험을 보고 일정 수준을 넘겨야 졸업할 수 있어. 하지만 한국어가 어렵다 보니 중도에 학업을 포기

하는 유학생이 생길 정도야.

　유학생이 학업을 포기하는 또 다른 이유로는 경제적 어려움을 꼽을 수 있어. 외국인 유학생은 등록금이나 수업료가 우리나라 학생들보다 비싸. 같은 학교라도 20~30% 비싸다고 해.

　학비에 대한 부담 때문에 용돈이라도 벌고 싶지만, 이마저도 쉽지 않아. 아르바이트를 하고 싶어도 먼저 신고서를 낸 다음 허가증을 받아야 해. 또 일주일에 20시간까지만 일할 수 있어. 이런 제도가 생긴 이유는, 유학생으로 입국해서 법을 어기고 취업을 한 다음 불법체류자가 되는 사람들이 있어서야. 해마다 늘어나는 불법체류자는 우리 사회에 큰 문제가 되고 있거든.

졸업한 뒤 한국에서 일하기가 어려워요

외국인이 다른 나라에 입국하려면 그 나라로부터 입국을 허가하는 증명서를 받아야 하는데 이걸 '비자'라고 해. 비자는 입국하는 목적에 따라 여러 종류가 있어. 외국인 유학생은 보통 유학이나 어학연수 비자를 받아.

그런데 유학생이 졸업한 뒤에 직장을 구하려면 비자를 바꾸어야 해. 왜냐하면 학생 비자로는 취업을 할 수 없거든. 비자를 변경하는 조건은 꽤 까다로워. 한국에서 4년제 대학이나 대학원을 졸업해야 하고, 대학 공부와 관련 있는 직업을 구해야만 하거든. 또 취업할 수 있는 분야도 한정적이야. 해외 영업이나 번역가, 기술자, 엔지니어, 개발자, 분석가 등 전문 직종이나 관리자로만 일할 수 있어. 현실적으로 한국 사람조차 어려운 일인데, 외국인 유학생에게는 하늘의 별 따기나 다름없어.

2022년 한국에서 취업한 유학생 수가 전체 유학생 중 10%를 겨우 넘는 것만 봐도 이게 얼마나 어려운 일인지 알 수 있어. 결국 한국에 머물고 싶어도 많은 유학생이 고향이나 다른 나라로 떠날 수밖에 없는 거야.

우리나라의 미래가 된 외국인 유학생

나라, 학교, 기업이 나서서 유학생을 모셔 와요

교육부에서는 2027년까지 외국인 유학생을 30만 명까지 늘린다고 발표했어. 인구가 점점 줄어드는 우리 사회에 외국인 유학생이 꼭 필요한 존재가 되었기 때문이야. 대학 역시 외국인 유학생이 꼭 필요한 상황이야.

학생이 줄어서 문을 닫는 대학도 많아졌기 때문에 많은 외국인 유학생이 와 주길 바라며 외국에 나가서 직접 입학 설명회까지 열고 있어. 고려대와 경희대는 2024년부터 외국인 유학생만을 위한 학부까지 새로 만들면서 외국인 유학생 입학을 위해 노력하고 있어.

외국인 유학생이 한국에서 직업을 구하는 일도 훨씬 쉬워졌어. 졸업한 뒤 3년간 취업할 수 있도록 제도를 바꾸었거든. 또 조선업체에서 관련 학과를 졸업하지 않았더라도, 한국에서 취업을 원하는 유학생에게 일정 기간 현장에서 교육을 받으면 일자리를 주고, 비자를 변경하는 혜택을 제공하겠다고 나섰어. 유학생이 그만큼 취업할 수 있는 기회가 더 넓어진 거야.

한 자동차 회사는 외국인 유학생을 초청해 맞춤 채용 설명회를 열기도 했어. 이렇게 되면 유학생들이 법을 어기면서 취업하는 사례도 줄어 불법 체류자 문제가 자연스럽게 해소될 것으로 기대하고 있어.

유학생을 따뜻한 공동체로 맞이해요

가족과 친구와 떨어져 지내야 하는 유학생은 무엇보다 따뜻한 인간관계를 그리워해. 특히나 어려움에 처한 유학생이라면 더더욱 그럴 거야. 이런 어려움을 알고 먼저 유학생에게 손을 내밀었던 일이 있었어. 2023년 전주에 있는 대학생들은 미얀마 유학생을 위해 '친구야! 아띤타바(힘을 내요)'란 모임을 만들었어. 당시 미얀마는 군인들이 무력으로 나라를 장악하면서 나라가 매우 혼란스러웠어. 나라와 가족 걱정에 힘들어하는 미얀마 친구를 위해 손을 내밀었던 거야. 한국 학생은 미얀마 유학생과 짝을 지어 지속적으로 관계를 유지하면서 전통 놀이나 여행 등을 함께했어. 유학생들은 친구와 우정을 쌓으면서 정서적인 안정감을 느낄 수 있었지.

미얀마 유학생들은 경제적인 어려움까지 겪고 있었어. 전주시는 이들을 위해 희망근로 지원 사업으로 아르바이트 자리를 제공했어. 이처럼 따뜻한 공동체의 관심이야말로 유학생이 한국에 대해 더 좋은 인상을 가질 수 있게 해 주는 일이야.

교과서 속 다문화 키워드

우리나라 인구는 최근 **#인구 감소**를 걱정할 만큼 출생률이 낮아지고 있어요. 특히 어린이의 비율이 점점 낮아지고, 노인의 비율은 갈수록 높아지고 있어요. 이것은 우리나라가 **#저출산 고령화 사회**로 들어섰다는 것을 의미해요. 인구가 줄면서 일손이 부족하고, 학생이 줄어 학교도 문을 닫고 있어요.

이런 인구 감소의 문제는 **#이민자 #결혼 이주민 #외국인 노동자 #외국인 유학생**을 적극적으로 받아들여 해결하려고 노력하고 있어요.

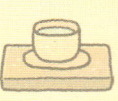
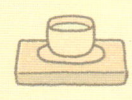
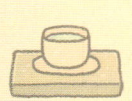
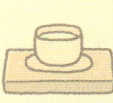
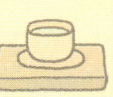

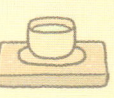

    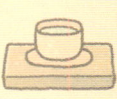
 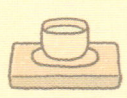  

    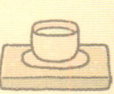
 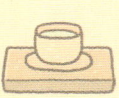  
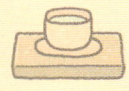    

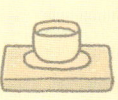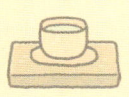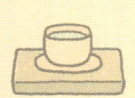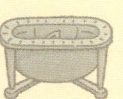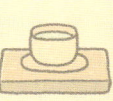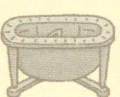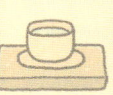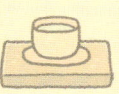

    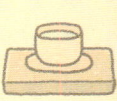
 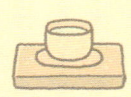  
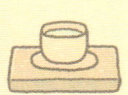    
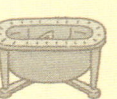  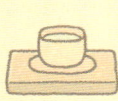 
    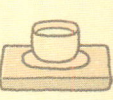
 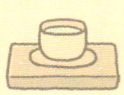  
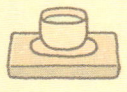    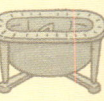
  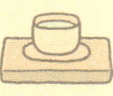